经典百年海战大观

血战莱特湾

田树珍★编著

民主与建设出版社
·北京·

© 民主与建设出版社，2023

图书在版编目（CIP）数据

血战莱特湾 / 田树珍编著 . -- 北京：民主与建设出版社，2018.7（2023.4 重印）

（经典百年海战大观）

ISBN 978-7-5139-2018-6

Ⅰ . ①血… Ⅱ . ①田… Ⅲ . ①太平洋战争—海战—史料 Ⅳ . ① E195.2

中国版本图书馆 CIP 数据核字（2018）第 040943 号

血战莱特湾

XUEZHAN LAITEWAN

编　　著	田树珍
责任编辑	胡　萍
封面设计	朝圣设计
出版发行	民主与建设出版社有限责任公司
电　　话	（010）59417747　59419778
社　　址	北京市海淀区西三环中路 10 号望海楼 E 座 7 层
邮　　编	100142
印　　刷	湖南汇龙印务有限公司
版　　次	2018 年 7 月第 1 版
印　　次	2023 年 4 月第 2 次印刷
开　　本	710 毫米 ×1000 毫米　1/16
印　　张	15
字　　数	180 千字
书　　号	ISBN 978-7-5139-2018-6
定　　价	39.80 元

注：如有印、装质量问题，请与出版社联系。

前言

大海战 100 年

美国杰出的军事理论家马汉于1890—1905年间提出了制海权理论，其核心是"谁能控制海洋，谁就能控制陆地，进而控制整个世界"。因此，掌握全面制海权不仅是海军的核心任务，更是国家的战略目标，人类近代海战史充分印证了马汉这一理论。

近百年来，以美国、英国、法国、德国、意大利、日本为首的军事强国都在优先发展海上力量。在第一、第二次世界大战及近代几次战争中，这些国家通过海上封锁、破坏对方海上运输线、海上决战等方式，在一定海域内获得了制海权，进而实现了控制相关陆地的战略目的。

这其中，留给我们印象最深刻的是两次世界大战，无论是作战规模、作战样式，还是战争的惨烈程度都是空前的。在这两场战争中，海战这一古老的战争类型，由于使用了新武器、新装备，发生了革命性的变化。当德国的"俾斯麦"号和"提尔皮茨"号、日本的"大和"号和"武藏"号、英国的"威尔士亲王"号等超级战列舰被奉为"海战之王"时，以美国为代表的航空母舰及其战斗群横空出世，在一场场血与火的搏杀中表现出色，为美国最终赢得太平洋战争立下汗马功劳，名正言顺地取代了战列舰成为新的"海上霸主"。同时，随着人类科学技术的不断进步，核潜艇的出现又彻底打破了固有的海战模式，其强大的战略、战术威慑力，使之成为令人生畏的深海杀手。

为了再现近百年的大海战全景，我们精心推出"经典百年海战大观"系列丛书。这套书详细地再现了近百年来海战中的经典战例、著名战舰以及一些鲜为人知的人物故事，共20册，每册讲述一个独立的海战故事，书中涉及日德兰之战、珍珠港之战、珊瑚海之战、中途岛之战、瓜达尔卡纳尔之战、莱特湾之战、马里亚纳群岛之战、围歼"俾斯麦"号战列舰之战等海战史上至今仍然被人们津津乐道的经典战役。

进入21世纪，中国人民解放军海军迅速发展壮大，有力地保卫了祖国海防，但中国海军依然任重道远。要保护我们国家的利益，需要建设强大的海军，需要我们比以往任何时候都更加关注海洋、了解海战的历史。

目 录

第一章
日军大惨败

★1944年6月15日，日本天皇手下的一名顾问得到塞班岛遭到攻击的消息后，他就发出了这样的惊呼："我们完了！"

★1944年3月至7月，就是太平洋战争期间，日军在印度英帕尔地区和英印军进行了英帕尔会战。

★随着雨季的到来，大批日军士兵染上了疟疾、痢疾、霍乱、流感等疾病，尤其是军队的克星——伤寒，更是蔓延猖獗。由于缺乏药品和医疗器械，好多士兵都感染了伤寒，他们遭受着病痛的折磨。

★防守部队起初守卫着一块大约有1平方公里的地域，但是，拼死坚守阵地的人数只有原来的一半左右。在他们的四周，不管是山坡上，还是丛林围绕的山谷里，都躺着一排排的日本兵尸体。

★9月初，日军第15军在亲敦江西岸已经没有了士兵，由日军发起的为期半年的英帕尔战役，就此彻底宣告结束。

1. "乌"号计划 / 002
2. 残酷的战役 / 008
3. 激战科希马 / 015
4. 惨败英帕尔 / 028

第二章
变幻的局势

★ 随着美军潜艇在太平洋上的活动日趋活跃，日本船舶的损失直线上升。这对日本大本营来说是一个坏消息。

★ 然而，日军大本营向来对这种不利的消息采用的是"不承认"的态度，他们巧妙地使用"掩耳盗铃"的方法，让自己像鸵鸟一样将头埋在石沙堆里看不见敌人。他们把这些会使人沮丧的消息牢牢地封锁住了。

★ 快速航空母舰"第58特混舰队"改称为"第38特混舰队"。

1944年10月6日，哈尔西率领第38特混舰队离开乌利西海军基地，10月10日早晨到达冲绳东南120海里处。

★ 在1944年10月15日晚上，日本广播电台"东京玫瑰"散布了一个"弥天大谎"。当哈尔西听到"东京玫瑰"的广播后，便发电报给远在珍珠港的尼米兹，在电报中哈尔西幽默地说："我抢救了刚刚被东京广播电台'击沉'的美军第3舰队之后，正在冲着敌人'撤退'。"

1. 美日战争格局 / 042
2. 虚假的战果 / 054
3. 日军步履维艰 / 068

第三章
莱特岛"豪赌"

★ 1944年10月6日,也就是麦克阿瑟开赴菲律宾的10天之前,日本第14方面军新任司令山下奉文抵达马尼拉。但这位野心勃勃想大干一场的家伙发现参谋总部交给他的是一个"烫手山芋"。

★ 山下奉文不知道麦克阿瑟大举进攻时,自己能否守住吕宋岛,铃木宗作能否抗得住美军对棉兰老岛和莱特岛的进攻,他心里一点底都没有。

★ 1944年10月21日,当麦克阿瑟指挥部队爬上莱特岛的海滩,正在向日军盘踞的塔克洛班和杜拉格艰难挺进时,位于文莱湾的日本联合舰队第2舰队正在旗舰"爱宕"号重巡洋舰上举行一次特别的"壮行"酒会。

★ 日军大本营的陆军将领们对修改后的"捷1号作战计划"规定感到很吃惊。他们认为这是一个近似疯狂的作战计划。他们担心这一次作战计划要是再失败的话,日本就没有多少军舰可以用来保卫日本列岛了。但日本联合舰队司令丰田副武坚持认为,"这是摧毁拥有巨大物质力量之敌的最后一个机会"。

1. 神速登上莱特岛 / 076
2. 美日的"底牌" / 087
3. 日军的"豪赌" / 099
4. 不利的局势 / 109

第四章
海上激战

★ 23日早晨,哈尔西将他的第38特混舰队在圣贝纳迪诺海峡东部展开,并命令各个大队开始搜索日军的舰队。

★ 24日一整天,锡布延海上空天气晴朗,天上的云朵在清风吹拂下,不断移动着。蓝色的大海上散布着一块块葱绿的热带小岛。从空中可以一眼望见庞大的舰群在海面上留下的航行尾迹。风景如画的景象虽然令美国飞行员心旷神怡,但是对缺乏空中掩护的栗田健男舰队来说这是一场灾难。

★ 这样一来,于1944年10月24日发生的这场在锡布延海域的"空对舰大战"最终以美国人的胜利而画上句号。

★ 斯普拉格是一位头脑冷静、性格直爽的军官。他知道目前自己唯一能做到的就是"引火烧身"——把敌舰吸引过来,让敌舰攻击自己,以延缓日本舰队对莱特湾的袭击。斯普拉格心想:自己多坚持一分钟,莱特湾内就多一分钟准备,为援兵的到来多争取一分钟时间,要拼一下了!

1. 激战锡布延海 / 124

2. 固执的西村祥治 / 136

3. 夜战苏里高海峡 / 149

4. 苦战圣贝纳迪诺海峡 / 163

第五章
疯狂反扑

★栗田健男对美军的情况实在是心中没底。因为在舰队出发前,日本联合舰队司令部就把他负责的舰队的32架侦察机全部调给基地航空部队使用,这使得他的舰队像瞎子一样在危机四伏的大海上乱冲乱撞。

★于是,小泽治三郎向丰田副武建议扮演"诱饵"的角色,把敌人的主力舰队诱到北方海域,从而减轻栗田健男舰队进击莱特湾时的压力和损失。这一建议得到了丰田副武的批准。

★所谓"神风"特攻,又叫"肉弹攻击"。事实上,这是一种自杀式的攻击作战方法。这种方法就是指飞行员驾驶着携带重磅炸弹的飞机硬往敌舰上冲撞,以这种人机共毁的小损失换取敌人的巨大损失。

1. 失策的栗田健男 / 180
2. 哈尔西擅作决定 / 190
3. "神风"特攻队 / 203
4. 败局无法挽回 / 212

第一章
日军大惨败

★ 1944年6月15日,日本天皇手下的一名顾问得到塞班岛遭到攻击的消息后,他就发出了这样的惊呼:"我们完了!"

★ 1944年3月至7月,就是太平洋战争期间,日军在印度英帕尔地区和英印军进行了英帕尔会战。

★ 随着雨季的到来,大批日军士兵染上了疟疾、痢疾、霍乱、流感等疾病,尤其是军队的克星——伤寒,更是蔓延猖獗。由于缺乏药品和医疗器械,好多士兵都感染了伤寒,他们遭受着病痛的折磨。

★ 防守部队起初守卫着一块大约有1平方公里的地域,但是,拼死坚守阵地的人数只有原来的一半左右。在他们的四周,不管是山坡上、还是丛林围绕的山谷里,都躺着一排排的日本兵尸体。

★ 9月初,日军第15军在亲敦江西岸已经没有了士兵,由日军发起的为期半年的英帕尔战役,就此彻底宣告结束。

1. "乌"号计划

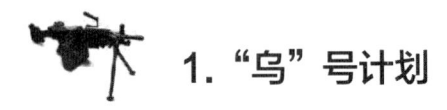

1944年6月15日，日本天皇手下的一名顾问得到塞班岛遭到攻击的消息后，他就发出了这样的惊呼："我们完了！"

在太平洋上所发生的一系列日军战败事件，终于使头脑过度发热的日本人有所冷静。他们认识到自己不再是"攻无不克，战无不胜"的国家了。日本国民开始对日本领导者们的"智慧"产生怀疑。

自从中途岛一役战败以后，美国人在太平洋上开始占据了上风。随着日军失去了瓜达尔卡纳尔岛，他们不得不放弃在北面的阿留申群岛的前哨阵地。所罗门群岛和新几内亚已被美军占领。太平洋中部，由于在马绍尔群岛、吉尔伯特群岛、马里亚纳群岛的失败，日本的中太平洋防线已经全面崩溃。

1944年3月至7月，就是太平洋战争期间，日军在印度英帕尔地区和英印军进行了英帕尔会战。

英帕尔是印度东部与缅甸交界地区的一座边境城市，位于吉大港（今属孟加拉）通往印度东部阿萨姆邦的交通干线上。该城周围是曼尼普尔山脉，近郊是长64公里、宽32公里的英帕尔平原。自从英军在缅甸兵败并撤退以后，英国人就把英帕尔建成了一个巨大的军事和后勤补给基地。

英帕尔平原上遍布着军营、医院、军械库、弹药库、军需库和工场以及军事基地所需要的各种大型设施,四通八达的沥青公路从基地中间穿过。此外,从1942年起就开始从原始丛林中辟建的一条宽阔的汽车公路,把英帕尔和转运军需物资的重要铁路终点站迪马普尔连接了起来。

中途岛之战中,日军旗舰"赤城"号航空母舰被击中,大火引燃了甲板上的弹药,发生爆炸

日军大本营于1944年1月7日以"大陆指第1776号"的指令，下达了代号为"乌"号的英帕尔作战计划，指令第15军占领英帕尔和科希马等要地，然后根据具体的情况控制整个东印度地区。

于是，日军方面担任进攻任务的第15军，直到向部队下达展开命令时，原定的后勤保障计划仅仅完成了18%左右。

不但如此，日军第15军的一些高级将领们在准备作战物资时，由于难以获得足够的战马，他们竟然想到用缅甸当地容易获得的牛、羊、大象甚至猴子来代替。他们让这些动物驮上日军的弹药随部队出征，还想道："这样可算是一举两得，又驮运了弹药又可充当口粮，连在干粮的准备上都可以省不少。"

就这样，日军部队出击时只携带了1～2周口粮、1.5～2个基数的弹药，牵了2万余匹马、牛和象，数千只山羊与猴子。他们计划用这些牲畜驮运物资并兼作食用，估计可支持一个月，至于尔后的后勤补给，他们打算"打下英帕尔，坐吃丘吉尔"。

1944年3月8日，牟田口廉也率领第15军的三个师团共约10万人的兵力，赶着作为肉食给养品的大批活牛、活羊渡过了印缅边界地区的亲敦江，拉开了英帕尔会战的序幕。

当时，牟田口廉也站在亲敦江畔口出狂言，他这样说："陆军现已达到天下无敌的地步，太阳旗将宣告我们在印度胜利的日子为期不远了。"

英帕尔的地形则决定了这里绝不是打一场防御战的理想地点。

牟田口廉也

因为这个平原完全处于丛林覆盖的陡峭群山的俯瞰之下,而且那里的防御设施也不尽如人意。

3月5日,也就是英帕尔战役开始的前3天,集团军军长斯利姆写信向蒙巴顿报告说:"我给你写信是为了探讨更为严重的第4军的阵地问题,我们在那里的部署不够理想。如果可能的话,我想尽快加强那里的阵地。"

负责防守英帕尔方面的第4军,下辖英印第17、第20和第23师,军长是斯康斯。此时,他们正在英帕尔外围很远的地方驻扎,当日军进攻已明显地迫在眉睫时,才开始陆续返回英帕尔。不过,未等他们到齐,战斗已经打响了。

英东南亚军总司令蒙巴顿勋爵得知日军渡过亲敦江的消息后,立即亲临英军第14集团军司令部。在听取了集团军司令斯利姆的军情汇报后,蒙巴顿决定:把亲敦江以西沿边境进行防御的部队,撤至英帕尔附近高地上来组织防御,使日军的进攻部队远离自己的后方基地,日本军不仅要被迫背靠宽阔的亲敦江作战,而且还得完全依赖安全性很差的丛林运输线。此外,盟军的空中优势不仅会保证可能遭到包围的一些英军部队的补给供应,而且还能轰炸日军的地面运输队,阻止其获得补给品。同时,由于雨季使一些干涸的河床变成汹涌的急流,日军必须在雨季到来之前迅速地取得胜利,否则就不得不面临一场灾难。

对蒙巴顿的这一决策,战后日本防卫厅的战史专家们称:"它正中日军的要害,而牟田口廉也却没有特别在意这些。"

如此,早在日军开始行动之初英印军就已经得知日军动向,并立即开始准备迎击。蒙巴顿勋爵在与他的部下研究作战计划时,确定了把日军放进英帕尔平原再加以围歼的战术,充分利用英帕尔坚固的防御工事,配备了1200架飞机,大批坦克、大炮。

同样是3月5日,当日军艰难行进至印、缅边界时,英军空降了印度第3师到日军后方缅甸中部方杰沙地区,至11日,空降至此的部队已近万人,配备了汽车、大炮等。此时,中国驻印军配合美军已在缅甸北部开始全面反攻,一个天罗地网正在等待日军。

★牟田口廉也部下的致命错误

牟田口廉也在接到这一情况的报告后，特别高兴。但是，他万万没有想到他的部下们会在这时犯了两个致命的错误。

其一，当该师团右翼突击队插进英印第17师的心脏部位的一个要害地点吐特姆，即通赞东北侧后，日军发生了错觉。他们以为对方已向北面逃走，便放弃了吐特姆这个要害地而向东侧的山谷集

1943年日军第15军司令部军官

结。及至发觉错误，为时已晚，该地又被英印部队重新占领了。

其二，日军左翼突击队由于兵力太少，所以在与对手激战时向师团部发电称："销毁了密码本、处理好了军旗，以全部牺牲的决心进行战斗。"

因而，柳田元三误以为他们要全军覆灭，于是命令他们暂时撤退以保存力量。这就等于给英印第17师开放了退路，使其带着数百门汽车牵引的大炮向英帕尔方向撤去。而实际上，英军兵力虽多但战斗力不强，他们根本不能击败日军第33师团的左突击队，已经做好投降的准备了。

此外，柳田元三考虑补给上的问题，没有立即向英帕尔方向紧追逃敌，并且公然向牟田口廉也提出部队"以立即停止'乌'号英帕尔作战计划，转入防御态势为宜"的建议。生气的牟田口廉也不久后便撤掉了他的职务，并由田中信男接替了柳田元三的职务。

2. 残酷的战役

3月28日，日军第33师团打到了离英帕尔西南约20公里的比辛布尔地区，封锁了英帕尔的南部通道。与此同时，第15师团攻占了英帕尔至科希马之间的密宣，封锁了英帕尔的北部通道。向科希马进攻的第31师团也打到了科希马的外围。

英帕尔作战挺进中的印度国民军步兵第 1 师

至于从北路进攻英帕尔的日军第 15 师团，他们奉牟田口廉也军司令的命令，各个联队一律轻装，"像一团烈火似地穿过群山向前进"。

日军的两个师团已对英帕尔形成南北合围之势，此时，驻守英帕尔地区的部队只有由斯库纳斯指挥的英军第 4 军的英印第 17 师和英印第 20 师两个不满员的师。斯库纳斯急电集团军司令斯利姆派兵增援，而集团军下辖的第 15 军主力尚在 482 公里以外的若开地区，从地面赶到需要 3 个星期的时间。

于是，蒙巴顿立即向美国人求助，请求美军帮助空运部队。美方很快就同意了英方的请求，从3月下旬开始把用于喜马拉雅山"驼峰"运输线的45架"达科他"式运输机借给蒙巴顿使用。美国的"达科他"式运输机简直像是"救命恩物"一般，这45架运输机满载着第15军之英印第5师及全部枪炮，从若开飞往英帕尔平原，协同第4军的部队保卫英帕尔。

英印第17师自甩开日军第33师团的围追堵截后，他们庞大的车队正向着英帕尔前进。田中信男对该师迅猛追击，但是没有再次合围住该师。英军士兵终于在4月5日进入英帕尔，而在整个行进过程中，他们的补给品完全是由空投提供的。

英帕尔—科希马战役中的英军

在此前后，英印第 20 师也成功地从达木和加包山谷的尽头，边战边撤到英帕尔平原。该师的两个旅驻守在帕莱尔的前面，封锁通往英帕尔的东南方进路，而第三个旅则驻在英帕尔作为预备队。

4 月 10 日，日军集中坦克和重炮向山口发起攻击。11 日，英印军被迫退守直接俯瞰着公路干线的坦努帕尔。尽管英印军展开了勇猛地反击，并将日军逐渐击退，但 5 天以后，日军调来大量增援部队进行反扑。日军还是在由缺乏战斗经验的印度士兵扼守的薄弱环节上打开了缺口。

牟田口廉也意识到这是一次夺取胜利的好机会，于是逐渐加强攻势。4 月 19 日夜间，山本支队的所有坦克连续发动 3 次猛攻，可是计划均以失败而告终。在 22 日，日军终于揳入英印军的阵地。

5 月 8 日，日军又多次企图扩大占领帕莱尔公路入口处周围一带的山地，但都被英印第 17 师的一个旅挡住。牟田口廉也认为攻进英帕尔已是胜券在握。于是，他又调集了一批增援部队，企图在坦努帕尔突破防线。经过日军一连几夜的疯狂进攻，他们取得了一些胜利，英印军的防线被迫后撤，此时，日军已接近突破英印军的防线。

但是，牟田口廉也的部队经过多日激战，已经疲惫不堪。日本官兵们缺乏补给，他们的战斗力大为下降。而英印军则大不一样，他们每天除了获得基本生活物资外，还能得到诸如香烟和甜酒之类的物品。

日军在沿英帕尔公路南下的途中，他们占领了设在康拉顿比的英军第14集团军的一个补给站，并在那里遭到了拥有坦克支援的英印第17师的一个旅的攻击。5月中旬，第17师的这个旅开始包围康拉顿比，这时，蒙巴顿从若开地区空运到英帕尔前线的英印第5师前来接替该旅，后者就转而投入比申普尔战斗。

英印第5师得到了同样从若开地区空运到英帕尔前线的英印第7师的增援后，便发起了一次坚决有力的进攻，他们于5月21日几乎完整无损地夺回了这个补给站。

雨季很快就到来了，阵雨下得越来越猛，也越来越频繁，地面变得越来越泥泞。日军几乎没有空投力量，他们只能靠丛林中的

日军在缅甸公路上行进

小道来进行运送补给的工作。而且，在盟军空军掌握制空权的情况下，日军能从缅甸后方运到前线的物资微乎其微。官兵仅以在当地抢夺来的一些稻谷充饥，在居民稀少的地区他们则只能用野菜和逮到的野兽来填饱肚子。

日军为避免盟军飞机的轰炸扫射，他们在天气晴朗的时候不仅不能野炊，甚至也不敢晾晒一下衣物。蒙巴顿关于"雨季作战有利于盟军"的观点得到了证实。

蒙巴顿认为：除非日军能在最后的全面出击中大获全胜，否则，雨季的阵阵雷鸣就预告了他们的失败。

在蒙巴顿看来，这场挫败了日本企图的大规模消耗战，已经在慢慢地接近尾声。在每条可能前进的道路上，日军都被挡住了，蒙巴顿的司令部开始制订自己的进攻计划。他们不但打算解除英帕尔之围，而且还准备全歼牟田口廉也率领的日本第15军。

虽然，英印军队在英帕尔方面还处于守势，但蒙巴顿和斯利姆开始着手反击了。

5月15日，英印军队的第一次主动进攻开始了。那天，英印第17师的第48旅揳入日军第33师团的后方，并在"铁定—英帕尔"公路上第33号里程碑处修筑起工事。

日军暴跳如雷，他们把第33师团后方一切可用的部队一股又一股地投入了反扑，甚至还包括其后勤部队也参加了战斗。4天以后，日军第15师团的一部分兵力也加入反扑，但他们还是被击退了。

随后，英印第 48 旅向北推进到莫伊朗，经过激烈的战斗，他们在那里设下了另一个立足点，威胁着日军第 33 师团的后路。

随着雨季的到来，大批日军士兵染上了疟疾、痢疾、霍乱、流感等疾病，尤其是军队的克星——伤寒，更是蔓延猖獗。由于缺乏药品和医疗器械，好多士兵都感染了伤寒，他们遭受着病痛的折磨。

对于这样的痛苦经历，当时的日本兵曾有过这样的描述："士兵们的皮肤常常布满溃疡和脓疮，穿着湿透了的衣服躺着，任随蚂蚁去叮咬。"雨季的丛林就像是一座弥漫蒸气的绿色地狱，那些被饥饿和疾病折磨的官兵一个个瘦骨嶙峋，慢慢地死去。

日军已经没有力量发起攻击，他们经过数月一系列苦战，打到了英帕尔英军的家门口，却发觉自己无力再迈进去，这对日本人来说确实是天大的讽刺。与英帕尔方面的战况相似，日军第 31 师团在科希马方向上的进攻也成了强弩之末。

★处境艰难的日本军队

此时雨季已经到来，倾盆大雨冲刷着大地，地上的道路变得越来越泥泞，丛林就像一座蒸气弥漫的绿色地狱。日军穿过尸体狼藉、散发着恶臭的丛林向前推进。

6 月 10 日，日军第 33 师团和配署的第 15 师团一部与英印第 20

师在丛林里迎面相遇，随即展开了残酷的拉锯战。由于日军士兵连续几个月的苦战，大部分驮牛和驮马已经被累死或被当作充饥物吃掉，士兵的弹药几乎用光。日本官兵们在武士道精神的支撑下，忍着饥饿在连绵的阴雨中拼死战斗。

至6月22日，日军竟奇迹般地闯过了英印军的堵击，他们冲出了丛林，打到了英帕尔的边沿。日军官兵们"遥望英帕尔市街，祈祷着作战成功"。

而英军方面，他们非常重视战前的物资、器材和技术等方面。他们认为后勤补给决定着战斗的胜负。于是，英印士兵打仗时得到了充足的弹药、食物、甜酒甚至换洗的衬衣，而日军士兵却只能啃野菜、嚼生稻谷。

当英印第17师的一个营重新占领吐特姆以掩护师主力向英帕尔撤退，并在吐特姆遭到日军包围时，士兵们在高地上感觉口干舌燥，他们找不到水源。蒙巴顿立即命令空军不惜一切代价空投贮水袋给士兵们提供补给，从而使士兵们在那里顽强地坚守。

3. 激战科希马

牟田口廉也感到他应当全线撤退了，而在科希马战线上的日军第31师团司令佐藤幸德未经他同意就先行率领第31师团主力撤退了。

东印度那加兰邦首府科希马，位于英帕尔以北80公里，是一座海拔1.5千米地势险要的高原小城。该城是块避暑胜地，当时城内居民不过万人。乌科鲁尔在它的东南面，是科希马通往印缅边境的必经之路。

由于盟军在东印度的阿萨姆邦建立了空运和反攻基地，而阿萨姆邦好像一座楔入缅甸北部的狭长半岛，日军要摧毁这个基地，就要越过屏护阿萨姆半岛的两道门户——英帕尔和科希马。

所以，牟田口廉也在进攻英帕尔的同时，以其第31师团为主

英帕尔战役中的英军士兵

力并配署第 15 师团部分兵力，直扑科希马。

1944 年 3 月 8 日，佐藤幸德率领第 31 师团乘木筏和小船陆续渡过亲敦江。在唐都和霍马林一带，他们稍事停留休整后，分成 3 个纵队向科希马挺进。其中，走在最前面的一个纵队是由宫崎繁三郎所辖的旅团。

据英国人所说："这些亚洲式纳粹的冲锋队员在丛林中行军一天所经过的路程，相当惊人。他们在科希马周围出现的时间，比原先预计的还要早。"

宫崎繁三郎率领的先头部队与日军第 15 师团的一部相配合，先是击溃了守卫山夹库地区的一个英印旅，然后向科希马逼近。另外两个纵队则由佐藤幸德师团长亲自率领，他们从霍马林出发，进攻乌科鲁尔，目的是夺取这个通往科希马的交通要道。

斯利姆原认为，科希马四周山岭陡峭，丛林浓密，日军所能派去的兵力至多不会超过一个配备轻武器的步兵联队。但是，实际情况却愈来愈明显：日军向那里进攻的是整整一个师团的兵力。然而，科希马城的守军是一个只有 500 来人的西肯特步枪营。

在科希马以西 48 公里的迪马普尔军用物资中转站则仅有一个连在守卫。斯利姆将这一危急情况报告给蒙巴顿，蒙巴顿立即从英印第 5 师和第 7 师中抽调部队前去增援，并令其直辖的第 3 特种突击旅做好空运准备。另外，蒙巴顿还命令此时尚驻在印度境内的"钦迪"第 23 远程突破旅前去掩护利多，并急令英军第 2 师从印度内地赶来加强科希马。

科希马之战，首先是由驻扎在该城东面约 48 公里的阿萨姆团和阿萨姆武装警察打响的。这些由英国军官指挥的阿萨姆士兵，是首次参加战斗，但他们为保卫自己的家乡而战，表现得异常英勇。

这些阿萨姆士兵以伤亡惨重的代价，阻滞了日军第 31 师团的进攻，他们赢得了十分宝贵的时间。同时，这些士兵在退至科希马时，又承担了抢筑防御工事的重任。在连绵不断的山丘上，阿萨姆士兵沿着一条长 1.6 公里的山脊构筑起防御阵地，把这个山中避暑胜地改造成一个坚固的堡垒。

理查兹负责科希马城防务，他命令城内所有能参加战斗的人都必须拿起枪。就这样，文书、给养员、在医院里的轻伤员统统都被组织了起来。当日军第 31 师团的 1 万多官兵气喘吁吁地爬上布拉马普特山顶、逼近科希马城时，英印第 5 师的第 161 旅已经空运来，并驻守在迪马普尔前面 12 公里的尼丘加德山口。

蒙巴顿觉得保卫迪马普尔这个军用物资中转站很重要。他估计，敌人如果占领了科希马，就会很快向迪马普尔发动进攻。但是，正如斯利姆后来说的："佐藤幸德无疑是我所遇到的日军将领中最无见识的一个人。他奉命攻占科希马，并在那里构筑工事固守。他那傻瓜头脑中只有一个目标，那就是打下科希马。"

其实，佐藤幸德此时本可以毫不费力的分出一部分兵力去攻击科希马，同时再用师团的主力去进攻防御能力尚不强大的迪马普

英军轰炸机

尔。如果日军获取了那里堆积如山的各种物资，佐藤幸德拿下并坚守科希马才会有保证。而在最后，佐藤幸德的第 31 师团之所以从科希马前线撤走，其主要原因之一就是缺粮少弹。

4 月 4 日，蒙巴顿命令蒙蒂·斯托普福德接管科希马防守的指挥权。此时，佐藤幸德已经摆开了进攻的架势。当天，日军跃出丛林，发起了冲锋。虽然英军前哨部队奋勇还击，但是一些阵地还是落入日军手里，日军取得了进攻这个坚固堡垒的立足点。

另一方面，在日军还未来得及发起主攻时，斯托普福德已命令英军第161旅的一个先锋营开进科希马。几个小时后，一连拉杰普特兵借着暮色的掩护来到科希马，其中的一个排在回来时还护送着200名能行走的伤兵和非战斗人员。

英军刚从日军身旁悄悄走过，日军就完全包围了科希马，并切断了科希马—英帕尔公路。当时科希马守军总共已有3500人，英军第161旅的大部分部队被阻，无法打进去，情况万分危急。不过幸运的是，蒙巴顿派来的空军掌握着那里的制空权。

在整个白天里，英军战斗机和战斗轰炸机怒吼着俯冲下来，几乎贴着丛林树顶对日军进行轰炸扫射，从而加强了防守部队的火力。同时，英国运输机还给守军空投弹药、药品、食物和饮水。这样一来，无论佐藤幸德如何发动进攻，他的部队依然无法击溃守军，就更不用说完成对科希马的占领了。

日军的伤亡很惨重。不久，佐藤幸德便停止采用在白天出动步兵轮番冲锋的办法，他不得不在夜间派士兵出击。可是，一到天亮，在英军的炮轰和空袭下，日军在夜间所获得的战斗成果就化为了乌有。

4月6日，牟田口廉也命令日军第31师团一部与日军第15师团一部向迪马普尔进击，而英军斯利姆一面命令第2师固守，一面还立即空运第5和第7两个师增援。在英军此次的支援中，空运的不仅有大炮等重武器，甚至连驴也被空运到了迪马普尔。

为了到达目的地，日军第31师团部队不仅要翻越70公里山路，还要不断抵抗英军空中和地面打击。在行进途中，日军遭受到守候多时的英军的致命打击。日军第 31 师团很快便与日军第 15 师团失去了联系。

而宫崎繁三郎率领的第 15 师团，弹药基本已经用完。为了获得更多的弹药，宫崎繁三郎命令士兵们从英印军那搞到弹药。如此一来，吉冈大队只得利用拂晓强攻英印军阵地，遭到英军猛烈打击后，残存下来的回来报告："整个大队仅存 20 余人。"山本进一郎支队长命令他："今夜再次夜袭！"这些残余者在当夜全部阵亡。

武村大队受命夺取二山子，伤亡也十分惨重。当山本进一郎支队长电话问其剩余兵力时，代理大队长大森说："还剩十五六人。"山本进一郎立即责问："还有十五六人为什么不进攻？马上开始！"于是，武村大队也彻底地被消灭了。

英军防守部队的伤亡也与日俱增，他们感到越来越疲惫困顿。部队且战且退，到 4 月 6 日退入要塞山上的主要阵地。日军已经截断了守军唯一的水源，所以他们只能完全依靠空军低空投下的那些装满饮用水的车轮内胎了。

防守部队起初守卫着一块大约有 1 平方公里的地域，但是，拼死坚守阵地的人数只有原来的一半左右。在他们的四周，不管是山坡上、还是丛林围绕的山谷里，都躺着一排排的日本兵尸体。

从某些方面来说，指挥第 31 师团的佐藤幸德是个典型的武士道军人，他的最明显的特点是硬拼蛮干。在几条羊肠小道上，佐藤幸德不惜牺牲士兵的生命，让手下的人马一批又一批地驱赶着往上冲。英国守军被迫一步步向后退，阵地一寸寸向内收缩。

于是，就在加里松山中央那座被称为"避暑别墅山"的小山头上，守军与日军展开了一场白刃战。就在科希马地区优美的花园和网球场上，双方混战成一团。日军为了争夺每一寸土地，不得不付

战死的日本兵

出伤亡十几人的代价，最后他们终于在这两个地方取得了立足点。

面对这种情况，英国守军并未撤离。日军士兵挖掘的散兵坑，最近的与英国守军的战壕相距不过二三百米，但佐藤幸德发电给牟田口廉也军司令称："我部已经完全占领了科希马。"

此时双方的阵地，的确是太近了。4月8日，蒙巴顿命令向科希马紧急空投两个营的伞兵，可是有不少士兵不幸降落在日军阵地上，这些人不是被日军当场击毙就是成了日军的俘虏。

4月10日，蒙巴顿指示已陆续抵达科希马附近的第2师和第7师部队，集结于迪马普尔，然后向科希马守军靠拢。15日，英军第2师的一个旅突破了日军的阻击与第161旅会合。随后，第2师的另一个旅在坦克、大炮和飞机的支援下，沿公路发动强大攻势，猛扑主要制高山脊。

18日，一个旁遮普营设法穿过一个溪谷，与科希马的守军会合了，英军突破了日军的战线。第二天，大量的食品、饮水和药品也送来了。20日，英军第2师的主力部队终于打到了硝烟弥漫、弹坑累累的山顶上，解救了科希马守卫部队。

虽然包围已经解除，但英军要彻底击败日军的第31师团不是一件容易的事情。日军仍盘踞在科希马城外一条长达6公里的丛林密布的制高山脊上，他们扼守在构筑得很深的暗堡阵地。这是一座林中要塞，两边的绿色峭壁上长满了层层叠叠的树木和杂草，根本无法攀爬。

英国第 2 师的官兵多数时间驻守在中东和印度内地等处，还不习惯在丛林中作战，蒙巴顿此时的预备部队不多，也只好派他们前来参战。尽管该师向日军阵地发起一次次果敢的进攻，付出了重大伤亡也没能迫使日军后退一步。

只要日军第 31 师守在这个阵地上，迪马普尔—英帕尔交通线就始终要受到威胁，并影响英军在英帕尔方向的防御。蒙巴顿深知这一点。

于是，蒙巴顿一面继续向迪马普尔空运部队，一面派"钦迪"旅去占领东南面的杰萨米，阻击来自亲敦江的日军援兵，并切断佐藤幸德部队补给物资的供应线。

4 月中旬，从南线进攻的第 33 师团在另一股日军配合下分三路向英帕尔的英印军发起攻击。英印军第 17 师奉命一边抵抗一边退却，诱使日军进入英帕尔平原。双方激战 40 余天，日军始终无法攻入英帕尔，伤亡已达 7 成以上，日军丧失进攻能力，只得趴在简易工事里抵御英印军反攻。

自开战以来这 3 个日军师团都没有得到过补给，牟田口廉也命令他们既不许投降也不许后退，日军官兵处境极其悲惨。日军士兵疾病缠身、伤口溃烂、饥饿难耐，已无抵抗能力，实际上他们只是在等待死亡的降临。

而英印军则补给充分，他们仅伞降至英帕尔的粮食就有 900 余吨、鸡 5000 余只、鸡蛋 2.8 万余个、维生素丸 500 多万粒、燃料

80多万加仑、香烟4万余包。此外，他们还空运援军1.2万余人、武器弹药1.8万余吨。

激战至4月20日，日军北部军队已被英军团团围住，他们没有办法突围。倘若不是英军飞机误将日军阵地当成自己的阵地，投下大批物资与弹药，日军早已彻底完蛋。

5月25日，日军第31师团佐藤幸德电报军司令部："师团已无山炮及重武器弹药，粮食已尽。"31日，佐藤幸德不顾牟田口廉也的禁令，擅自下令埋葬了阵亡的4000余官兵，并组织剩下的1800余名尚能行走的士兵进行撤退。后来，佐藤幸德还因此事受到了军法处分并被撤职。

如此一来，同样是4月中旬，英军第2师的当前任务有两项：他们既要竭尽全力把日军第31师团赶下那道山脊，又要协助科希马守军击退敌人对已化为一片焦土的要塞发动疯狂地反扑。

英军第2师和日军杀得难解难分，直到4月30日，也没有夺下对方的那道山脊阵地，进攻被迫停止了下来。英军第2师重新整顿队伍，以做最后的突击。

5月3日，该师在炮兵和坦克的火力掩护下，发起了一次全面进攻，这次进攻由斯托普福德亲自指挥。战斗打响后，英军向日军的地堡和炮兵掩体发动猛攻，猛烈的炮火使科希马周围密布的丛林、水汽熏蒸的群山石崩地裂。然而，当英国步兵喘着粗气好不容易爬上山顶时，却遭到日军设在那里的几十个隐蔽阵地内交叉火力的无情扫射，英国士兵一批一批地躺在血泊里。

直到当日黄昏，继续涌上来的英军才占领了制高山脊的一部分，并且紧紧咬住日军不放。7日，斯托普福德经斯利姆和蒙巴顿批准，把英印第7师的第33旅也投入战斗，他们要进攻一个叫贾伊尔山的地方，这是一个地堡密布的高地，但当日的进攻毫无结果。

3天之后，英印第33旅再次对贾伊尔山发起猛攻，同时，英军第2师也对纵向的山岭展开进攻。英军在付出相当大的代价之后，

日军地堡

英军"巡洋"坦克

终于占领了贾伊尔山上的大部分日军阵地。次日,增援部队也爬上山去,并开始清除日军的布雷区。英军还在战斗中开辟了道路,他们令坦克开了上去,从而直接加强了自己的火力。

5月13日,英印士兵占领了在贾伊尔山上的残余日军的阵地。不久,科希马城内的一些日军据点在英军里应外合的攻击下也纷纷遭到摧毁。许多盘踞在地堡深处不肯投降日军官兵,被英军坦克的平射炮所消灭,还有一些日本兵从掩体冲出来与英军拼命,结果也死在枪口和刺刀之下。

★英军首战告捷

科希马初战告捷的消息,使蒙巴顿欣喜万分。5月15日,他致电斯托普福德,对此捷的胜利表示祝贺,同时告诫普福德:"日军第31师团并未被完全击溃,虽然他们的士气已开始崩溃,但仍在那坚持着,我们的部队不可有丝毫懈怠。"

至此,科希马方面的战事已发展到这样的局面:日军在科希马外围制高山脊上长达6公里的阵地中有相当一部分还在他们的手里,有些地段虽已被英军围住,但日军仍在英军难以攻破的山间暗堡里负隅顽抗。

这种情况对攻击者来说并不是一件好事。在绵绵阴雨的冲刷下,那些一般高达900多米、四周丛林密布的险峻群山变得泥泞溜滑,几乎无法攀爬。

英军各级指挥官都为此感到头疼。然而,又是那个傻头傻脑的佐藤幸德帮助英国人解决了这个难题。

4. 惨败英帕尔

佐藤幸德见英军取得了初步进展,而且天气越来越恶劣,佐藤幸德便向军司令部提出了放弃科希马阵地、向能得到补给的地点后撤的报告。

日军第 15 师团战斗指挥所内，牟田口廉也接到这个报告大为震惊。牟田口廉也虽在战略全局上考虑不周，但在战役问题上还是有所思考。他立即电告佐藤幸德，指出："当今正值'乌'号作战成败的关键时刻，无论如何必须固守科希马战线。因为第 31 师团一旦往后撤退，开放了科希马至英帕尔的道路，必将造成全军崩溃。这一点大家应该很清楚。"

不过，佐藤幸德并没有接受牟田口廉也的要求。佐藤幸德的后勤补给线被蒙巴顿的空军掐住，雨季使得士兵们在丛林小道的行进变得更加艰难，补给无法跟上，他的士兵们半饥半饱、怨声载道。于是，佐藤幸德将牟田口廉也的电报扔在一边，他下令全师团放弃阵地做出撤退的准备。

6 月初，佐藤幸德亲自率领师团主力，带着 1500 名伤病员开始退却，只留下宫崎繁三郎带一支小部队执行截断英帕尔至科希马道路的任务。留下这点兵力来执行这样艰巨的任务，无非是应付一下牟田口廉也而已。

而且，佐藤幸德撤出科希马战线的行动，也没有对一直在英帕尔以北至科希马以南地区同第 31 师背靠背进行作战的第 15 师团做出通报，结果使这个师团一下子陷入被英军南北合围的危险境地。此时，该师团的山内正文师团长正发疟疾卧病在床，代替他指挥的师团参谋长是个新手，在官兵中威信不足，指挥的也不是很好。于

沿途撤退的日军

是，友邻部队的撤离使得这个师团雪上加霜。

牟田口廉也得知第31师团擅自撤出科希马战线的消息后，急派军参谋长久野村赶去制止。久野村在伏米内迎面碰上了撤退途中的佐藤幸德，他指责佐藤幸德擅自撤退违犯军令，同时向佐藤幸德传达了军部的新指令："你团要和第15师团的南翼接上，转而加入进攻英帕尔的战线。"

但是佐藤幸德硬着脖子说道："我师团在毫无希望得到补给的目前情况下，难以执行军部的指令。"说罢，他就甩开了久野村，率领自己的人马继续向后撤退。

久野村回去后向牟田口廉也报告，牟田口廉也怒不可遏，当即决定撤销佐藤幸德的职务,由河内槌太郎接任师团长,并决定由柴田卯一接替卧病不起的山内正文任第15师团的师团长。

对此,服部卓四郎在其后来的书里这样写道:"此前,第33师团长柳田元三已被罢免,现在又换了两位师团长。在大战过程中更换全部师团长,这是一件很不吉利的事情,在日本陆军史上尚无此例。"

实际上,第31师团放弃科希马就等于断送了日军最后一拼的企图,日军在"英帕尔—科希马"战役的结局毫无疑问就是以大溃败收场了。

河边正三和牟田口廉也远在500公里外的仰光指挥,他们有日本艺妓陪伴,宴席不断。当前线的告急电报纷纷到来的时候,牟田口廉也就命令:"如果你们的胳膊断了,就用你们的牙齿;如果你们停止了呼吸,就用你们的灵魂进行战斗!"

英军接到科希马战线的日军有撤退迹象的报告后,立即展开了反击,英军盯上了乌科鲁尔。乌科鲁尔是日军第31师团撤回缅甸的必经之地,由日军第15师团的部分部队负责把守。英军认为如果将乌科鲁尔拿下,就会将这股日军的退路切断,进而将他们全部歼灭。蒙巴顿命英军第2师和英印第7师陆续向马奥集中,然后夺取乌科鲁尔。

在科希马之战中,乌科鲁尔是英军大规模强攻的焦点。此处与科希马和英帕尔距离几乎相等,原是日军发动英帕尔整个战役的一个兵力集结地。当得知日军第 31 师团撤退消息后,蒙巴顿一声令下,英军部队由科希马蜂拥而下,他们与从英帕尔向前突进的强大部队同时出发,并在预定时刻与其会师。

这两支队伍好比钢钳的两只钳牙,于 6 月 22 日在科希马公路的 109 里程碑处将日军钳住。被钳的是日军第 15 师团和其在乌科鲁尔的印度傀儡军的一个旅,好几支日军纵队正沿着各条通道,向亲敦江逃窜。

6 月 25 日,进攻科希马的日军第 31 师团那些忍饥挨饿、疾病缠身的官兵开始沿着一条山谷小路向乌克鲁尔撤退。在撤退的路上

大批日本士兵被击毙

死伤无数。沿途都是日本士兵的尸体，四下里零乱丢弃的装备是他们溃败的见证。

英军第 33 旅旅长刘易斯·皮尤后来回忆当时日军的狼狈情形时说："我旅置身于那些随带着大量伤病员撤退的日军部队及其最近的目的地——乌克鲁尔之间。敌军已不存任何希望，他们得不到食物，得不到药品，什么也得不到了。他们衰弱不堪，嘴里塞满了野草。"

英印第 7 师的先头旅迅速向乌科鲁尔逼近，他们绕过敌人，从西南面发起攻击。英印第 7 师的师主力第 33 旅则奇迹般地穿过云层包围的马奥—松桑山峰，从北面发起攻击。已经弹尽粮绝的日军毫无抵抗能力，他们立即就溃散了。由于日军弹药不足，加上体力衰弱，大量枪械被日本士兵丢弃，因此，满地都是日军丢弃的枪械、钢盔和伤员。

乌科鲁尔被英军占领并且日军第 31 师团遭到截击，这终于促使牟田口廉也下了决心，他决定停止"乌"号作战。

同样是 6 月 25 日，牟田口廉也用试探的口气对方面军司令河边正三说："万一停止进攻转入防御，根据我军现状，我认为退到从印缅国境线上的亲敦江西岸高地经莫莱西北高地至铁定一线，较为合适。"

河边正三之前就不想同意牟田口廉也执意要发动的"乌"号作战，他认为这一作战过于冒险，而且驻缅方面军的主要任务是看守好缅甸，没有多余的力量打入印度境内。现在，牟田口廉也打不下去了，河边正三就以方面军的名义，向此时已迁到马尼拉的日本南方军总司令部和东京大本营提出了请求停止"乌"号作战的报告。

日军南方军总司令寺内寿一接到河边正三的报告后，随即与东京进行了联系，东京大本营经过几次磋商后，同意了他们的请求。

7月2日午夜，寺内寿一发布了停止"乌"号作战的命令，并要求由驻缅方面军向第15军进行传达。为了让更好听一些，该命令将这次行动冠以"退却作战"的名义。而日军所谓的"退却作战"，实际上就是一场真正的大溃败。

日军第15军各师团残部开始全线撤退了。日军的悲惨之状，据日方自己记载："这次'退却作战'是日军战史上未曾有过的艰苦作战。各师团处于艰苦环境中，将士由于长期苦战和补给断绝，早已疲惫不堪。众多的伤病员即使用全部兵力也不能抬着护送，而且处于第一线上的人员也大都患有疟疾、痢疾和脚气病，医药用品的补给却毫无准备。

"由于道路的泥泞崩坍，车辆完全不能行动。而且时值雨季顶峰，横在我军道路上的曼尼普河、雅纳河、尼瓦河和亲敦江几条大河更不用说了，所有河床干道也都泛滥，洪水奔流。至于我军渡河器材、设备则寥寥无几。

"有些部队伤病员徒步先行，行动困难的大部分选择了自杀的办法。徒步的病人，在沿途的密林中力尽倒下的人，被浊流吞没下

第一章 日军大惨败

落不明的人不计其数。这一切真是鬼哭啾啾，凄惨万分。"

盟军的情报人员获悉了日本南方军总司令部下达的全线撤退命令，他们很快发报告给战区总部。蒙巴顿接到电报后立即指示斯利姆的第14集团军的7个师开始全面追击作战。

按照牟田口廉也的部署，日军的"总退却"分为两个阶段：第一阶段是向亲敦江退却，第二阶段是向明京山脉退却。

牟田口廉也要求各师团残部应在7月底之前，撤至并占据亲敦江西岸及加包山谷的耶沙皎一线，然后进行第二阶段退却，渡过亲敦江，退到明京山脉，进入新的防御阵地。

蒙巴顿认为，日军已经失去战斗力，为争取在印度境内全歼日军第15军，他遂令斯利姆派部队抢占亲敦江上的各个渡口，并让进攻加包山谷的第81师抢先绕过日第33师团残部背后联络线上的吉灵庙和加里瓦。

英军在日军官兵的拼命抵抗下遭到了严重打击，他们并没有抢先占领亲敦江各渡口。但是，这次进攻使牟田口廉也所计划的第一阶段退却目标推迟到8月中旬。

斯利姆

直至 8 月 20 日，日军溃退至亲敦江边。此时亲敦江因暴雨和山洪，江面宽度已达 1500 米以上，而且各渡河点均暴露在英军炮火和飞机扫射轰炸之下。日方材料称："当时我军有 5000 多名重伤病员聚集在各个渡河点，8 月 25 日，我军就在这种情况下开始渡河退却。经过第 31 师团和第 15 师团后卫部队拼死战斗，以及渡河战斗队的奋斗，终于在 8 月 31 日零点，使最后一些士兵渡至亲敦江东岸。几乎每一个侥幸逃脱的日本兵，每念及此次逃亡，都心有余悸。"

一位日本兵后来还写了一本书，书中描述了这次死亡征战的历程。这名日军所在的第 7 大队渡过亲敦江出征时有 700 余人，回到原出发地的只有 22 人。

他还在书中这样写道："9 月下旬，第 15 师团余部向明京山脉、第 31 师团余部向实皆及曼德勒退却，军纪和士气陷入了最坏状态，同时由于丧失了通信器材，军司令部与师团司令部的联系不时断绝。第 33 师团抗击腹背之敌向山脉地区退却，英军一部出乎意料地继续向亲敦江东岸渗透，第 33 师团早已损失惨重，此时更有被孤立的危险。军部无法援救他们，只好信凭该师团的奋斗精神，期待他们靠自力突破敌人包围，向后撤退。"

斯利姆的第 14 集团军各主力师虽然跟踪追击打到了亲敦江西岸，但遭到日军有力阻击，也没有能达成全歼日军第 15 军的目标。日军撤退的各师团最终在 8 月下旬渡过了亲敦江回到了缅甸。

日军为了不给缅甸当地人留下日军惨败狼狈逃窜的印象，还特意在江西岸短暂修整了一下。他们在夜间将伤病员偷运回后方，至于还有战斗力的士兵则在换洗了衣服后，收集了还能携带的武器，把枪械擦亮，在白天排着整齐的队伍大张旗鼓地渡过亲敦江撤回缅甸。结果，一些缅甸人看见日军昂首挺胸的回来，还以为他们是刚刚打了胜仗。

在日军撤退到亲敦江东岸后，英军并未打算过江追击，他们也准备撤退了。可是，当时日军军部都已无法掌握各师团和各部队的情况，撤回缅甸的第 15 军也在忙于整理部队。英军的追击部队抵达亲敦江时，日军认为英军大概要渡江杀过来了。

日军第 15 军此时的大部分士兵都是伤员病患，平均每个师团只有 3000 人还能战斗，而且枪械火炮损失严重，有的师团只剩下 600 条步枪。因此，日军军部与南方军命令第 15 军自行决定是守是撤。第 15 军已经狼狈不堪了，部队根本没有什么斗志，便下令放弃亲敦江阵地，直接退到了泰缅边境山区。

就这样，日军第 15 军完成了所谓的第二阶段撤退。后来，他们在泰缅边境山区与英军对峙直到战争结束。

英军对日军放弃亲敦江阵地并无心理准备，英军撤退前还发动了一次小规模的骚扰炮击。然而，他们在这次炮击中没有遭到日军的反击，于是感觉诧异的英军派了一些侦察部队渡江前去察看一下，结果发现亲敦江东岸的日军早已跑光了。

英军发现日军撤退得十分仓促，连一些大炮都放弃了，于是，

行进中的日军

他们决定乘机占领亲敦江东岸地区。由于英军原本未考虑过渡过亲敦江，所以并未携带大量渡河器材，只好花了几天的时间就地伐木结筏。

至此，英军意外地获取了亲敦江东岸平原，英帕尔战役也随之宣告结束。

★日军惨败的原因

9月初，日军第15军在亲敦江西岸已经没有了士兵，由日军发起的为期半年的英帕尔战役，就此彻底宣告结束。

日军在开始发动进攻时约有10万余人，结果有5.3万多人在战斗中死亡或失踪，并且他们败退回了进攻的出发地。英军阵亡约1.2万余人，负伤2.8万多人。双方的伤亡和损失可以说很惨重。

日军之所以在英帕尔惨败，原因是多方面的，但其中最重要的原因就是忽视后勤保障。日军在进攻前，片面强调"就粮于敌"的传统补给思想，对后勤保障问题不仅计划不周，而且准备不足。

在战役中，日军忽视了后勤、弹药、油料与干粮的准备，另外，他们还忽视了一个基本的军事常识——在战争中，最适合为军队提供运输物资的动物是骡马。此次战役，日军把大量的猴子、山羊和水牛用于部队输送，结果战斗一打响，受到枪炮惊吓的牛、羊以及猴子背着日军的弹药四处乱窜，导致大量军用物资流失，这加大了后勤补给危机。因为战场上如果一头驮着军用物资的牛跑了，那么日军一个中队一星期的口粮、弹药就没有了，这些牛、羊、猴子的逃跑给日军造成了不小的麻烦。

"由于对后勤供应需要的估计不足，同时又对英军部队战斗素质的估计太低，导致了日军的毁灭。"英军在战后总结这场战役时写道。

而日军在战后总结这次场战役失败的教训时也承认，对后勤保障重视不够是造成这场劫难的重要原因，他们在英帕尔是打了一场"忽视后勤的无谋之战"。

英帕尔会战是第二次世界大战中的一次著名战役。西方和日本的军史学家评价：这是日本历史上在陆战中遭到最惨重失败的一次战役。

英帕尔会战后，作为日军驻缅方面军主力部队的第15军也已不再具有一个战役兵团的战斗力了。从此，在印缅战场上，盟军转入了总进攻的战略阶段。

这是第二次世界大战中的一场惨烈战斗，狂妄自大的日军在东南亚战场遭到了灾难性的挫败。

第二章

变幻的局势

★ 随着美军潜艇在太平洋上的活动日趋活跃，日本船舶的损失直线上升。这对日本大本营来说是一个很不好的消息。

★ 虽然，日军大本营向来对这种不利的消息采用的是"不承认"的态度，他们巧妙地使用"掩耳盗铃"的方法，让自己像鸵鸟一样将头埋在石沙堆里看不见敌人。他们把这些会使人沮丧的消息牢牢地封锁住了。

★ 快速航空母舰"第58特混舰队"改称为"第38特混舰队"。

★ 1944年10月6日，哈尔西率领第38特混舰队离开乌利西海军基地，10月10日早晨到达冲绳东南120海里处。

★ 在1944年10月15日晚上，日本广播电台"东京玫瑰"散布了一个"弥天大谎"。当哈尔西听到"东京玫瑰"的广播后，便发电报给远在珍珠港的尼米兹，在电报中哈尔西幽默地说："我抢救了刚刚被东京广播电台'击沉'的美军第3舰队之后，正在冲着敌人'撤退'。"

1. 美日战争格局

日军牟田口廉也的"乌"计划连同"进军印度"的计划彻底崩溃了。

在英军第 14 军进军途中，士兵们发现退却的日军在一堵墙上草草地涂写了这样一句话："英国人的大炮、坦克和部队太多了，日本人走了，但将在 6 个月内打回来。"

斯利姆现在获得了"缅甸战役第一次决战的胜利"，但他的目标不止于此。斯利姆还下令全速追击牟田口廉也士气低落的残兵败将。但在此后的 4 个月中，斯利姆的进展十分缓慢，因为恰逢雨季，泥泞的道路对于军队的行军造成了一定阻碍。

另外，随着美军攻克了马里亚纳群岛中一个又一个海岛基地，在此后的 8 个星期里，美国也给日本裕仁天皇的陆海军将领们带来了一系列巨大的军事灾难。

随着美军潜艇在太平洋上的活动日趋活跃，日本船舶的损失数量直线上升。这对日本大本营来说是一个坏消息。

虽然，日军大本营向来对这种不利的消息采用的是"不承认"的态度，他们巧妙地使用"掩耳盗铃"的方法，让自己像鸵鸟一样将头埋在石沙堆里看不见敌人。他们把这些会使人沮丧的消息牢牢地封锁住了。

但是，由于日本国内日渐匮乏的物资供应和偶尔透露出来的传闻，还是让日本民众从中看出了一些端倪。

1943年的战势迫使日本军队放弃其在所罗门群岛的基地。1944年，盟军在一系列登陆行动中占领了马里亚纳群岛，突破了日军在太平洋的内防御圈。在6月的菲律宾海海战（马里亚纳海战）中日本的航空母舰舰队被重创，盟军在西太平洋获得空中和海上的优势。

1944年7月，在马里亚纳群岛的塞班岛上，美国海军陆战队士兵炸毁了日军散兵坑

1944年6月上旬,美军在马里亚纳群岛的登陆战役刚刚打响,最高统帅机关就已经在筹划下一步的行动了。

参谋长联席会议向西南太平洋战区总司令麦克阿瑟和中太平洋战区总司令尼米兹征询是否可以从即将占领的马里亚纳群岛出发,进攻台湾岛或者经小笠原群岛直接进攻日本本土。对此设想,麦克阿瑟和尼米兹当时都表示反对,他们认为这个想法太过于冒险。

麦克阿瑟涉水登陆莱特岛滩头后,沿滩头巡视

第二章 变幻的局势

关于太平洋战场1944年的军事行动，外界存在着各种不同的说法。有些人认为，沿新几内亚岛沿海地区所实施的一系列登陆作战，才是通往菲律宾和日本的主要进攻路线，他们认为尼米兹部队经由中太平洋的进攻，仅仅是为了保障西南太平洋攻势的右翼。因此，这些人对美军绕过还在日军手中的加罗林群岛，直接从马绍尔群岛向马里亚纳群岛实施越岛作战的战略持批判态度。

在他们看来，横渡中太平洋的进攻虽已正式定为主要进兵路线，然而并不名副其实。因为无论从部队的派遣方面，还是从武器和补给品的分配方面来看，这两个进攻方向都是处于平等对待的状态。

而另外一些人则认为麦克阿瑟部队的作战主要是保障中太平洋部队的左翼和保卫澳大利亚。

实际上，上述两种意见各执一个极端。盟军对菲律宾的进攻是沿着两个各自独立而又相互支援的方向向前推进的，这两个作战方向相辅相成，成功地利用了外线作战的冒险性。

在拉包尔的作战中，美军大大地削弱了日本航空母舰舰载机的作战能力，使美国第5舰队未受到什么严重抗击，就夺取了吉尔伯特群岛和马绍尔群岛。第5舰队对帛琉群岛的袭击，为麦克阿瑟部队的进攻扫清了道路。

麦克阿瑟部队在比阿岛的登陆，把日军的岸基航空兵从中太平洋吸引过去，从而使第5舰队在进攻塞班岛时没有遇到日军岸基航

马里亚纳海战中，美军"猎取马里亚纳火鸡"的情景

空兵的抵抗。

　　第5舰队进攻马里亚纳群岛，引开了企图袭击比阿岛麦克阿瑟部队的宇垣缠战列舰编队，并将日本的机动舰队引诱到菲律宾海，从而才能"猎取马里亚纳火鸡"，彻底打垮了小泽治三郎舰队的舰载航空兵。

第二章　变幻的局势

所以，盟军横渡太平洋的两路进攻部队是密切协同、相辅相成的，他们在作战中配合得非常默契。这两路大军，往往在这一方向上牵制日军，而在另一方向上发起主攻，以达成战略上的兵力集中使用。不仅内线作战，而且外线作战也能达成这种战略态势。不过，外线作战时，兵力较弱就比较冒险，于是盟军极力避免冒险作战。

1944年7月25日，一架C-54型运输机从澳大利亚的布里斯班机场出发，穿过厚厚的云层，飞向美国太平洋舰队司令部所在地——檀香山。飞机上乘坐的是西南太平洋盟军司令麦克阿瑟。

令人奇怪的是，这位不久前指挥美军横扫新几内亚的美国陆军上将，并不像往常出行那样，带着作战计划和大批地图，身旁还有将校级军官前呼后拥。这一次，他只带了3名随员，便悄然踏上了长达几十个小时的单调、乏味的旅途。

一个多月以前，陆军参谋长马歇尔给他打电话，要求他到珍珠港参加一个重要会议。此前，傲气十足的麦克阿瑟曾多次婉言谢绝了到尼米兹的总部檀香山参加会议或做客的邀请。但这次不同，这次是麦克阿瑟主动的，并且严格地按照马歇尔的要求来到檀香山。

"7月26日到檀香山。"马歇尔在电报中这样通知麦克阿瑟。马歇尔还表示：在那里"可以见到莱希等人"，并要求麦克阿瑟"尽量缩小知情者范围"。

麦克阿瑟心里很清楚，此去珍珠港将见到的人只能是罗斯福，会议讨论的问题必将与他密切相关。而这个时候，摆在太平洋美军面前的迫切问题只有一个：确定太平洋战场的下一个战略打击目标。

7月初，麦克阿瑟提出了具体的对日作战总攻时间表，这一时间表的主要内容是这样的：9月攻占帛琉群岛；10月25日在菲律宾棉兰老岛登陆；11月15日在菲律宾莱特岛登陆；1945年1月15日在菲律宾吕宋岛登陆；2月在吕宋岛南部的民都洛岛登陆；4月攻占马尼拉。

对于这个计划，很多人都认为太过复杂，而且时间拖得也比较长。于是，尼米兹提出先在棉兰老岛登陆，孤立削弱日军在菲律宾地区的航空兵力量，而不是占领整个菲律宾，然后在中国台湾岛和东部沿海地区登陆。

在这两个方案中，参谋长联席会议的主要成员陆军参谋长马歇尔和美国海军总司令兼作战部长金都倾向于尼米兹，他们认为麦克阿瑟的计划实际上是采取美军早已摒弃的"逐岛作战"战略，进展速度慢且代价大。相比较后，尼米兹的计划简洁明了，似乎能够在最短时间里打败日本。

后来，尼米兹和麦克阿瑟也开始各抒己见。尼米兹建议进攻中国台湾岛，将日军阻挡在菲律宾。这样盟军可以控制联系日本和南亚的海路，切断日本与其南亚的驻军的联系，这样日军在南亚的驻军得不到补给必败。

第二章 变幻的局势

麦克阿瑟主张在菲律宾登陆。因为菲律宾也位于日本的联系线上，将菲律宾让给日本对美国来说是一件丢脸的事情，而且麦克阿瑟1942年逃离菲律宾时曾经发誓重返故地。

最后，罗斯福不得不做出决定，他支持了麦克阿瑟的看法，决定在菲律宾登陆。马歇尔受到总统的影响，也转到了麦克阿瑟的立场上来。

阿诺德和参谋长联席会议主席莱希知道了总统的意向后，则为菲律宾群岛上的日军飞机和坚固的陆上防御而忧心忡忡。一贯十分固执的金则不为所动，仍然坚持进攻台湾岛。

阿诺德

在接下来的一段时间里，上百万太平洋战场上的盟军官兵似乎失去了下一个作战的大目标。位于布里斯班的西南太平洋战区司令部和位于珍珠港的太平洋战区司令部的参谋们，各自忙着自己顶头上司布置的任务。西南太平洋战区司令部重新审定了不包括棉兰老岛在内的菲律宾作战计划，位于珍珠港的太平洋战区司令部则按照金的指示，忙着研究如何进攻中国台湾岛和厦门。

另一方面，日方对盟军的步骤却很清楚。日军联合舰队最高长官丰田副武制订了 4 个方案：捷 1 号作战方案是针对菲律宾的重大海军作战方案；捷 2 号作战方案是针对中国台湾岛的作战方案；捷 3 号和捷 4 号作战方案分别是针对琉球群岛和千岛群岛的作战计划。

而丰田副武的这 4 个计划都是孤注一掷的、复杂的和大胆的行动计划，它们将日本所有的力量都投入到了一次决定性的战役中来。

美国为了填充这一段战略空白时间，不让太平洋上空的枪炮声完全停息下来，参谋长联席会议坚持让尼米兹在 9 月 15 日进攻帛琉（帕劳）群岛，而让麦克阿瑟集中力量于 11 月 15 日进攻棉兰老岛。麦克阿瑟经过再三考虑，决定在尼米兹进攻帛琉群岛的同时进攻莫罗泰岛。

在第二次世界大战期间，第 58 特混舰队，也就是美国太平洋舰队航空母舰特混舰队，该舰队由 15 艘航空母舰，7 艘战列舰，

"新泽西"号战列舰

19艘巡洋舰及67艘驱逐舰组成。按照"一个舰队、两套指挥班子"的轮换制度,外号叫"公牛"的哈尔西刚刚接替了斯普鲁恩斯的职务,他的舰队驶离珍珠港后,便将第5舰队改称为第3舰队,快速航空母舰"第58特混舰队"也改称为"第38特混舰队"。

在麦克阿瑟出发去进攻哈马黑拉岛的前一天,哈尔西乘坐4.5万吨级的"新泽西"号战列舰,率快速航空母舰第38特混舰队队到达菲律宾附近海域。哈尔西奉尼米兹之命,轰炸帛琉,为进攻做准备。为了不使帛琉变成第二个塔拉瓦,他指挥舰队深入菲律宾中部轰炸日军机场。9月12日和13日,哈尔西共派出2400架次的飞机,击落、击毁(地面)378架日本飞机,而己方仅损失8架飞机。

干劲十足的哈尔西惊奇地发现,他在这里根本就没有多少硬骨头好啃,他派出空袭莱特岛的飞机没有遭到日本飞机像样的抵抗。一名在莱特岛上空跳伞并被救回的飞行员告诉哈尔西:据菲律宾人说,岛上没有多少日军,一攻就破。

哈尔西据此强烈要求:立即取消进攻帛琉群岛、棉兰老岛和雅浦岛的计划,把陆海军部队尽快用来进攻莱特岛,第38特混舰队负责掩护登陆,可以等部队在岛上修建机场后再撤离。

尼米兹接到报告后大吃一惊,他的第一个念头是对取消进攻帛琉群岛的计划表示反对,理由是作战准备的庞大机器已经开始运转了。但尼米兹马上想到了几天前回到珍珠港的斯普鲁恩斯也表示不想攻打台湾岛而主张打硫黄岛和冲绳岛。理由是可以在硫黄岛和冲绳岛分别建立战斗机基地和轰炸机基地，为海军在日本海域的作战提供掩护，并直接轰炸日本南部。同时，尼米兹也没有足够的信心对台湾岛作战。

于是，尼米兹把哈尔西的报告连同斯普鲁恩斯的建议一起转送给参谋长联席会议，同时建议把第3两栖作战部队和正从珍珠港准备出发去攻打雅浦岛的陆军第24军划归麦克阿瑟指挥。这个意见也发给了西南太平洋战区总司令部。

1944年10月3日，美军参谋长联席会议对麦克阿瑟和尼米兹下达了命令。命令麦克阿瑟在1944年12月20日攻占吕宋岛，并为尔后尼米兹的军队占领琉球群岛提供支援。命令尼米兹为攻占吕宋岛提供必要支援，并在1945年1月20日之前在小笠原群岛至火山群岛一线占领一至数个岛屿、在3月1日之前占领琉球群岛的一至数个岛屿。

美军参谋长联席会议的这个命令，为美国最终攻占日本本土确定了今后的战略进攻方向。

★ 1944年旧金山会议

1944年9月29日，美军海军总司令兼作战部长金与美军太平洋战区高级指挥官们在旧金山召开了一次高级会议。

参加这次旧金山会议的人员有：太平洋舰队司令尼米兹、第5舰队司令斯普鲁恩斯、陆军航空部队司令哈蒙、第10集团军司令

旧金山会议现场

巴克纳，此外还有尼米兹手下负责作战的谢尔曼。会议的主要议题就是统一思想，确定美国海军对太平洋战场下一个战略进攻目标。众所周知，金一直坚决主张"迂回菲律宾而攻占中国台湾岛"。

由于7月26日罗斯福亲临太平洋战区召开檀香山军事会议，在会上会下，麦克阿瑟从政治和军事两个方面成功地说动了罗斯福。参谋长联席会议受总统的影响，转到了麦克阿瑟的立场上，固执的金成了孤家寡人。

金要寻求支援，寻求同盟，他要改变参谋长联席会议的决定。金跑到旧金山来召开这次高级会议的本意，是要让他的部下们支持他的主张，并以美国海军高级会议决议的形式向参谋长联席会议施加压力。

而以尼米兹为首的5名美军高级将领却想通过这次会议，让他们的顶头上司放弃攻打台湾岛的主张，并同意他们提出的新方案——攻占硫黄岛和冲绳岛。

最后，旧金山会议终于有了一个圆满的结果，金同意了尼米兹等人的意见并上报参谋长联席会议。

2. 虚假的战果

美国海军进攻菲律宾的登陆点在莱特岛。金的第7舰队的旧式战列舰以及护航航空母舰用于支持登陆部队。哈尔西的第3舰队航空母舰特混舰队用于掩护两栖作战并寻歼日本舰队。

1944年10月12日尼米兹的航空母舰对台湾岛进行了一次空袭，以此来保证那里的日本飞机无法介入美军在莱特岛的登陆。因此日本开始执行捷1号作战方案。日本一波又一波的飞机被投入对美国航空母舰的战斗。在此后3天中，日本损失了600架飞机，这几乎是其大部分的空军力量，这使得日本海军基本丧失了空军保护。

按照捷1号作战方案，小泽治三郎的机动部队将美国第3舰队引走。美国登陆力量在丧失其空中掩护后，受到从西方开入的3支日本舰队的打击，分别是驻扎在文莱的栗田健男率领第二舰队进入莱特湾消灭盟军登陆力量，西村祥治和志摩清英的舰队组成第5舰队作为运动攻击力量。这3支舰队没有航空母舰和潜艇，完全由水面舰只组成。

显然这个计划的结果是这3支舰队中至少一支要被美军消灭。战后丰田副武对美国调查者是这样解释的："假如我们丧失菲律宾，而舰队幸存下来，那么我们南北之间的海道就被割断了。假如舰队待在日本领海的话，那么它得不到燃料补给。假如它待在南海的话，那么它就得不到武器弹药的补给。因此假如我们失去菲律宾的话，那么保存这支舰队也没有意义了。"

小泽治三郎

哈尔西的第3舰队空袭了台湾岛及西南诸岛，并在12日至15日期间与从台湾岛和九州方向飞来的日军陆基飞机进行了连续几天的激烈空战。

哈尔西率领的第38特混舰队是一支拥有强大作战力量的大舰队，它有4个航空母舰大队，共有正规航空母舰9艘、轻型航空母舰6艘、战列舰7艘、重巡洋舰7艘、轻巡洋舰12艘、驱逐舰67艘，作战飞机180架。另外有负责支援的护卫航空母舰（可搭载预备飞机）11艘，给油舰33艘。

哈尔西出动大批舰载机空袭台湾岛等地的目的，就是要在美军正式登陆莱特岛之前，摧毁日军可能投入和增援的航空作战力量，尽量减少美军登陆作战时的压力和损失。

1944年10月6日，哈尔西率领第38特混舰队离开乌利西海军基地，10月10日早晨到达冲绳东南120海里处。

10月9日，日军侦察机发现了美军舰队行踪，日军大本营据此判断：美国人可能要攻打台湾岛。

从10日清晨开始，哈尔西先后派出1193架次的舰载机对冲绳本岛、奄美大岛、宫古岛等西南诸岛的日军航空设施和舰船进行了猛烈空袭，击毁日军飞机93架，击沉日军舰船87艘，美方仅损失飞机21架。

日本联合舰队在10日9点发出"基地航空部队捷2号作战预令"，命令基地航空部队"迅速查清敌情并捕捉、歼灭之"。

11日，第38特混舰队南下攻击吕宋岛。12日，第38特混舰队北上并出动飞机1378架次空袭台湾岛各地，严重破坏了日军在台湾岛地区的航空兵力和地面设施，美方损失飞机48架。

这一天，日本联合舰队司令丰田副武下令"基地航空部队实施捷2号作战计划"，动用了从九州到菲律宾的所有基地航空部队对美国特混舰队展开攻击，并把正在濑户内海重建的航空母舰舰载机部队加强给基地航空部队的第2航空舰队。

因为，在 9 月中旬美国特混舰队袭击小笠原群岛、硫黄岛、雅浦岛、帛琉（帕劳）岛以及菲律宾中南部的日军航空基地时，丰田副武想保存实力，未予以有力还击，结果吃了大亏，这一次他不想重蹈覆辙，所以决定予以还击。

日本第一天反击取得了很好的战绩，这让丰田副武高兴得合不拢嘴。当天，台湾岛东方海面刮起台风。到傍晚，待命中的 T 攻击部队的 79 架飞机才由九州南部的鹿屋基地分两批出击，第一批 56 架，第二批 23 架。陆军重轰炸机、海军舰载攻击机计约 50 架，也自冲绳基地起飞出击。

"一"式陆攻机

日军对美军的特混舰队进行了轮番攻击。T攻击部队是第2航空舰队的精锐部队，由"一"式陆攻机、"银河"轰炸机、"飞龙"重轰炸机等鱼雷攻击机组成。T攻击部队报告夜袭战果中提到：击沉类似敌军航空母舰4艘。

13日，第38特混舰队出动500架次飞机继续对台湾岛实施空袭。日本海军出动T攻击部队的45架飞机，其中"一"式陆攻机27架、"银河"轰炸机6架、"零"式战斗机12架，从日本九州鹿屋基地起飞，对出没于狂风暴雨中的美国舰队进行攻击。

当4架"一"式陆攻机突破美国舰队对空火网时，3架被击中，1架有效地攻击了"富兰克林"号航空母舰，造成该舰轻微损伤。"堪培拉"号重巡洋舰被日本飞机命中一枚鱼雷，舰底被打开一个大洞，由于船舱进水，很快就不能航行了。

可是，T攻击部队报告战果时却说："击沉敌军航空母舰两艘，烧毁一艘。"这令丰田副武感到十分得意，他认为加上前一天的攻击成果，已经使敌军机动部队伤筋动骨了。

14日晨，美军继续空袭台湾岛，至上午9点30分停止攻击，舰队向东南方向撤退。这使丰田副武更加坚定了信心，他更加相信自己的判断：敌人已经被打垮了，他们想要逃跑。如此一来，丰田副武决定要借此机会痛打美军，对美国舰队实施更大规模的攻击。

这天，日军飞机从南九州基地出发，以冲绳为中继基地，对美国特混舰队先后进行了3次共450架次的攻击。

美军空袭台湾岛

而实际上,在日军的此次攻击中,只有美国"休斯敦"号轻巡洋舰右舷中部被日本飞机命中一枚鱼雷,海水充满机关区,失去一切动力。后经奋力抢救,15日"休斯敦"号轻巡洋舰被"波士顿"号重巡洋舰拖拽着脱离战场。

10月15日,美军第38特混舰队第4大队出动战斗机、轰炸机80架南下空袭吕宋岛的马尼拉市。日军负责菲律宾航空作战的陆军第4航空军和海军第1航空舰队倾巢出动,迎战来袭的美军飞机。

据日军侦察机报告：在吕宋岛东方海面发现敌军舰队，其中有4艘大型航空母舰。丰田副武收到消息后大为惊喜，他很快表示："组织攻击部队，马上出击，消灭它！"然后，日军陆海军航空部队大概出动130架飞机，两次对美国机动舰队实施了攻击。

这次，日军报告称：击毁敌航空母舰一艘，使两艘航空母舰起火。

日本联合舰队司令丰田副武来不及核实，他已经让这样的"胜利"冲昏了头脑，丰田副武令手下人综合几天以来的"赫赫战果"上报日军大本营海军部。

日军大本营接到报告后也欣喜若狂，处在风雨飘摇之中的日本太需要振奋人心的好消息了，要尽快让对军队作战怨气十足的国民们知道日本还有救。于是，大本营也未加核实，便匆忙公布了"赫赫战果"。

于是，就产生了所谓的"第二个珍珠港胜利"，而日军并不知道事情的真相。

自10月10日起，哈尔西的舰队连续6天对大东岛、冲绳岛、吕宋岛、台湾岛进行大规模空袭，迫使日军仓促启动捷2号作战计划，让日本联合舰队过早地投入了原计划在菲律宾作战时才正式使用的基地航空部队。

美军的舰载机击毁、击落日军基地航空部队飞机约500架，使日军部署在菲律宾地区的精锐航空力量毁伤过半，彻底打破了日军在中国台湾岛、菲律宾地区进行航空决战的企图,而美军仅损失79架飞机和2艘巡洋舰。

不久,日本广播电台"东京玫瑰"宣布了日军"胜利"的消息。当哈尔西听到"东京玫瑰"的广播后,便发电报给远在珍珠港的尼米兹,在电报中,哈尔西幽默地说:"我抢救了刚刚被东京广播电台'击沉'的美军第3舰队之后,正在冲着敌人'撤退'。"

然后,哈尔西为了让日军将领们相信美国舰队已遭受重创,诱

战后计划"东京玫瑰"户粟郁子在横滨接受美军记者采访

哈尔西

使其出动舰队，以便聚而歼之，故意让救援舰只慢吞吞地拖着那两艘受伤的战舰驶向乌利西海军基地。

在10月14日，丰田副武接到"特大喜讯"，决定要扩大战果的时候，他一方面命令各航空部队对美国舰队实施更大规模的攻击，一方面命令当时在濑户内海的第2游击部队出击，以捕捉、歼灭受伤的美国特混舰队。

第2游击部队是准备进行"捷1号作战计划"的临时编制，这支日军部队以原第5舰队为基干，指挥官是老奸巨猾的志摩清英。志摩清英接到命令后，决定15日午前零点出击。

日军出击的兵力有：第21战队的"那智"号重巡洋舰、"足柄"号重巡洋舰；第1水雷战队的"阿武隈"号轻巡洋舰及7艘驱逐舰。

由于有3艘驱逐舰在向指定地点集结时延误了时间，日军舰队晚了三个半小时才出发。15日7点，志摩清英舰队驶出丰后水道，一路向南搜索敌人。

志摩清英根本不知道，就在他的舰队驶出丰后水道不久，就被潜伏在附近的美国潜艇发现，并将情况及时地报告给哈尔西了。哈尔西接到报告后，立即命令航空母舰第2大队隐蔽在"诱饵舰队"周围，准备伏击志摩清英舰队。

当天，日军搜索飞机在石垣岛南方发现"拖着重重的油迹、慢吞吞地在海上行驶的敌军舰队"，立即向联合舰队司令部报告"发现因受重创而溃逃的敌军舰队之一部"。丰田副武司令接到报告后认为，这几天这类受伤的敌舰应该到处都是，不足为奇，因此没有及时通报给志摩清英。

16日，志摩清英舰队在严密的对空警戒下继续南下。10点45分，开始由重巡洋舰给驱逐舰补充油料。随后，志摩清英接到"那智"号重巡洋舰的报告：根据截获的敌军电文得知，敌军舰队可能北上。志摩清英立即命令舰队改变航向，向西行驶。

14点30分，志摩清英舰队上空出现两架美军舰载机。老道深

日本"足柄"号重巡洋舰

算的志摩清英立即判断：敌人的机动舰队就在附近，我军舰队已经被敌人发现了。

志摩清英在指挥室一边看着舰队组织对空射击一边想："让我的巡洋舰去攻打敌人的航空母舰，简直是拿鸡蛋去碰石头。"于是，志摩清英带着舰队很快就溜之大吉了。

其实，丰田副武司令在16日就知道他上报的"赫赫战果"水分太大了。日本的侦察机在菲律宾东方海域发现了13艘美国航空

美国航空母舰战斗群

母舰，继而又于17日在台湾岛东北方向及菲律宾东方海域，发现有4个美国航空母舰群在活动。

日军联合舰队和大本营海军部立即组织人员对台湾岛海域航空作战的战果进行联合调查，而且把上报战果最多的T攻击部队的参谋田中叫到司令部仔细询问，调查的结果是：无论怎么乐观估计，最多是击伤敌4艘航空母舰，不用说击沉敌航空母舰，就是普通舰艇也没有击沉一艘。

这个结论让丰田副武傻眼了，海军不但要自己吞下这颗苦涩的果子，而且要绝对保密，特别是不能让陆军知道。所以，对这一重大事件的调查只有草草收场，但是海军开始偷偷地修订了海军系统的作战方案。

10月17日，日本大本营得到报告说美军正在莱特湾外扫雷，日军这才搞清楚美国人要在菲律宾而不是在中国台湾岛大开杀戒，于是在18日深夜他们匆匆下达了"捷1号作战计划"命令。

这一切使日军处于十分被动的境地。美军在10月19日正式发动了菲律宾的登陆战役，进攻方向既不是日军早先判断的吕宋岛也不是后来判断的台湾岛，而是莱特岛。

由于日本海军对陆军隐瞒了台湾岛海域航空作战的实情，至莱特湾作战正式打响之时，日本陆军方面，从上到下还被蒙在鼓里。陆军不仅为海军的"赫赫战果"激动不已，而且错误地估计了敌我双方的实力，主动改变了原来的作战计划。

原来的"捷1号作战计划"是把陆海军决战地区选在吕宋岛，并且两个月来日军也是按照在吕宋岛与美军决战进行筹划和准备的。他们计划，如果美军进攻菲律宾中、南部，就只实行空、海军决战，由海军出动所有能派出的舰只进行大赌博，不实行地面部队的决战。

★日军改变原来作战计划

10月19日，日本大本营陆军部对形势的判断如下：

1. 我军在台湾岛海域航空作战中，击溃了美国舰队的主力。满身疮痍的美军又在莱特岛开始新的作战，这是一个很严重的错误。现在我军应集中陆、海、空兵力，歼灭敌军。

2. 丧失了航空母舰主力之敌，在莱特岛的航空作战中，势必重视运用基地航空兵力量。但帛琉群岛、莫罗泰岛距离稍远，航空战对敌不利。

3. 再看我方航空兵力，因为我方海军航空兵在台湾岛海域航空战中损失了主力，所以在莱特岛作战中，必须由陆军航空兵充当主角。

从这种观点出发，研究了陆军航空兵完成决战的能力，结果认为，虽然理由不是很充分，但是在质量上足以摧毁敌军的登陆企图。

因此，大本营陆军部认为：当发动"捷1号作战计划"时，必须改变原来的作战计划，对美军进攻莱特岛之战不仅海、空军，连地面部队也要进行决战。

第二章 变幻的局势

莱特湾之战中麦克阿瑟与美军士兵

10月20日，大本营据此决定在莱特岛实行陆、海、空总决战并将新意图电告南方军总司令部。

南方军总司令寺内寿一立即在21日将新的计划下达给第14方面军司令部。山下奉文开始时仍然顾虑重重，但在寺内寿一和日本大本营的劝说和压力下只有服从，决定往莱特岛增派两个师和一个旅。

海军编造的"弥天大谎"虽然让日本人高兴了几天，却也一步步地将日本拖向失败的无底深渊。

3. 日军步履维艰

在1944年10月15日晚上，日本广播电台"东京玫瑰"散布了一个"弥天大谎"。

这一天18点，日本广播电台年轻貌美的女播音员"东京玫瑰"用她那甜美的声音报告了一条举世震惊的消息：

自10月12日以来，我方大日本帝国陆海军在台湾岛水域重创了来犯的美军机动舰队。这次痛打美军机动舰队之战被大本营称之为"台湾岛海域航空战"。此次空战是继我方珍珠港胜利之后的第二个重大胜利，它使美军机动部队兵力损失过半。现在，敌人正在逃遁中。

日本大本营海军部就12日以后的战果发表综合战报如下：击

沉美国航空母舰 11 艘、战列舰 2 艘、巡洋舰 3 艘、巡洋舰或驱逐舰 1 艘。击伤航空母舰 8 艘、战列舰 2 艘、巡洋舰 4 艘、巡洋舰或驱逐舰 1 艘、舰种不详 13 艘。另外，被确认击中起火物不下 12 处。我方损失飞机 312 架。

不明真相的日本国民在听到"第二个珍珠港胜利"的消息后欣喜若狂，激动万分。在东京、大阪召开国民大会，小矶国昭首相在会上高呼："胜利就在眼前！"日本天皇颁发敕语，嘉奖联合舰队，并宣布全国放假一天，庆祝这场胜利。

与陶醉在"胜利"之中的日本普通民众不同，此时笼罩在日本大本营陆海军部高官头上的却是凝重的阴云。

第二次世界大战打到 1944 年夏天，整个法西斯轴心国都在走下坡路。在西方战场，先是苏军彻底粉碎了德军对彼得格勒的包围，开始了战略大反攻，继而是美、英军在诺曼底登陆成功，开辟了第二战场。德国失败的结局已十分明显。

在中国，日本动用兵力 41 万人、汽车 1.2 万辆、马 6.7 万匹，在 2000 公里的战线上进行了打通大陆交通线作战（"一号"作战），企图"消灭敌人有生力量，攻占粤汉及京汉铁路沿线南段的重要地区，捣毁敌人空军主要基地，粉碎重庆政府继续抗战的企图"。

日军为组织这一大规模作战，不仅取消了从中国战场抽调 5 个精锐师赴太平洋方面以及另外集结 5 个师待命的命令，还从关东军抽调了大批部队投入中国战场。结果并未到达战役目的。

中国仍在抗战，美军利用中国基地空袭日本本土的活动也仍然频繁，日本试图"把中国大陆变成南北贯通的大走廊，确保本土至南方各地的陆路交通"的美梦破产了。

在太平洋方面，日本在马里亚纳的海空决战中失败，塞班岛陷落，被视为"生命线"的"绝对国防圈"被捅破了，日本本土同南洋各地的联系受到严重威胁，连菲律宾也直接暴露在美国人的炮口下。

知悉战争真相的军国主义头目们一时间陷入极度的惶恐之中。因为他们心里十分明白，美国的远程轰炸机可以以马里亚纳为基地频繁轰炸日本本土和东京，盟军部队可以直接在日本本土登陆。

种种的现实与可能，使战争形势急剧恶化，还直接导致了在任2年零8个月的东条英机内阁倒台。

自开战到1944年7月，日本船舶的损失达到450万吨，而这期间新造的船舶仅有209万吨，损失是补充的2倍以上。再加上陆

"祥凤"号航空母舰

第二章 变幻的局势

海军作战不断征用船舶,使原本紧张的船舶更加紧张。原料不足导致军工生产困难,连日军部队现有的飞机与车船都因缺少燃料而陷入困境。

种种严峻的现实与积重难返的问题让日本的军政当局感到十分恐慌,但是他们又不甘心失败。他们决定与美军拼死一搏。

在海战中,日军先后损失了"祥凤"号航空母舰、"赤城"号航空母舰、"加贺"号航空母舰、"苍龙"号航空母舰、"飞龙"号航空母舰、"龙骧"号航空母舰、"大凤"号航空母舰、"翔鹤"号航空母舰和"飞鹰"号航空母舰等。现在,他们只有"瑞鹤"号航空母舰、"瑞凤"号航空母舰、"千岁"号航空母舰和"千代田"号航空母舰。另外,"云龙"号航空母舰和"天城"号航空母舰于8月份刚刚竣工,但是经过严格训练,有战斗经验的舰载机飞行员基本消耗殆尽,现有的飞行员大多是刚刚补充进来的新飞行员,有的甚至还没有掌握舰载机在作战时的起飞和降落的技术。

无奈之下,日军大本营想到了海军部队的唯一优势,那就是战列舰。日本拥有当时被视为"世界上独一无二"的超级战列舰,即"大和"号超级战列舰和"武藏"号超级战列舰。

当时,日本大本营对美军下一步的进攻方向判断不清,但是他们肯定美日之间会打一场硬战,因此在7月24日大本营制定了《陆海军今后作战指导大纲》,提出了一个可以随机应变的"捷"号作战的设想。

而其实，美军这个时候连自己都没能决定出确切的进攻方向。指挥太平洋战争的几位美国将军，即金、麦克阿瑟、尼米兹正在为此争论不休。

日军关于"捷"号作战设想的出发点是"无论敌人来自哪个地方，我们均能随时集结陆、海、空军事力量，进行迎击并将其击溃"。根据这一点，日军大本营预想了4个决战方向，并相应制订了4套作战方案。

如此一来，日军就有了：菲律宾方向的"捷1号作战计划"；台湾岛和琉球群岛方向的"捷2号作战计划"；日本本土（北海道除外）方向的"捷3号作战计划"；库页岛、北海道方向的"捷4号作战计划"。

那些终日紧盯着作战地图的日军参谋们开始认为，有了这套周全的作战计划，就可以保证无论敌人来攻上述任何地点，均能随时集结陆、海、空军事力量，进行迎击并将其击溃。

★ 以战列舰为主力的日本海军

"大和"号超级战列舰于1937年11月4日在吴港造船厂秘密开工，1941年12月竣工。"武藏"号超级战列舰于1942年8月竣工。

就其战术技术性能看，在日本投入作战的总计12艘战列舰中，"大和"号超级战列舰和"武藏"号超级战列舰确实是出类拔萃的。基准排水量比其他战列舰大一倍，主炮由360毫米口径改成460毫

建造中的日本"大和"号超级战列舰

米口径，舰载侦察机和观测机由过去的 3 架增加到 7 架，对空火力和舰体防护力均有很大加强。在"大和"号超级战列舰和"武藏"号超级战列舰的建造过程中，也充分体现了日本海军"大炮巨舰"的思想。

日本海军认为，"大和"号超级战列舰和"武藏"号超级战列舰的主炮有效射程在 40 公里以上，每发炮弹重 1500 公斤，2 分钟 3 个齐射，27 发炮弹可形成宽 90 米、长 400 米的火力控制区，其"91"式穿甲弹直接命中时可击穿任何舰船。只要"大和"号超级战列舰和"武藏"号超级战列舰能突入敌舰聚集的海区，就可以发挥它们的可怕火力，对敌舰队进行毁灭性打击。

于是，日本的军事家们把自己拉回到了自纳尔逊时代形成的"大炮巨舰主义"的思维模式，企图依靠世界上绝无仅有的两艘超级战列舰击败美国人，这为日本在莱特岛海战中埋下了彻底失败的种子。

日军大本营也知道用战列舰对付航空母舰的难度，于是绞尽脑汁，提出了"捷"号作战的基本思路，即以战列舰为主力，强行突入敌方主力部队海域，依靠近战火力歼灭敌人，同时为减轻主力舰队突入时的压力，实施大规模的陆基飞机攻击作战和佯动作战。

第三章
莱特岛"豪赌"

★ 1944年10月6日,也就是麦克阿瑟开赴菲律宾的10天之前,日本第14方面军新任司令山下奉文抵达马尼拉。但这位野心勃勃想大干一场的家伙发现参谋总部交给他的是一个"烫手山芋"。

★ 山下奉文不知道麦克阿瑟大举进攻时,自己能否守住吕宋岛。铃木宗作能否抗得住美军对棉兰老岛和莱特岛的进攻,他心里一点底都没有。

★ 1944年10月21日,当麦克阿瑟指挥部队爬上莱特岛的海滩,向日军盘踞的塔克洛班和杜拉格艰难挺进时,位于文莱湾的日本联合舰队正在第2舰队旗舰"爱宕"号重巡洋舰上举行一次特别的"壮行"酒会。

★ 日军大本营的陆军将领们对修改后的"捷1号作战计划"感到很吃惊。他们认为这是一个近似疯狂的作战计划。他们担心这一次作战计划要是再失败的话,日本就没有多少军舰可以用来保卫日本列岛了。但日本联合舰队司令丰田副武坚持认为,"这是摧毁拥有巨大物质力量之敌的最后一个机会"。

1. 神速登上莱特岛

麦克阿瑟把菲律宾作战的第一仗选在莱特岛，可谓煞费苦心。

莱特岛位于菲律宾群岛中部，东西长185公里、南北两头宽各60多公里、中部只有25公里，面积在菲律宾所有有名称的2400个大小岛屿中排列第8位。它的东北面是第5大岛萨马岛，南面是第2大岛棉兰老岛。

美军一旦占领莱特岛，就可以把菲律宾群岛一分为二，拦腰切断，并能控制菲律宾群岛南北穿行的两条海上通道，一条是北面的圣贝纳迪诺海峡，另一条是南面的苏里高海峡。

让麦克阿瑟感到很得意的是，选定莱特岛作为登陆点可以得到海军强大舰队的支持。

莱特岛东面的莱特湾为登陆部队和海军舰队提供了颇为理想的活动空间，哈尔西的第3舰队只要牢牢地控制莱特湾，登陆作战便没有后顾之忧。莱特的省府塔克洛班附近还有4个小型机场，可以作为进攻吕宋岛的前进空军基地。

为了对付莱特岛上的2.2万日军以及可能前来增援的敌人，美军动了真格。

麦克阿瑟计划动用克鲁格第6集团军的第1骑兵师、第7步兵师、第24步兵师、第96步兵师等4个突击师近10万人，从莱特岛东部方向攻击日军。

为了掩护和运送这支庞大的部队，第7舰队的金凯德集结了700多艘大小各式舰只，其中有18艘轻型航空母舰、6艘老式战列舰、11艘巡洋舰和86艘驱逐舰。

拥有105艘战舰（其中包括18艘快速航空母舰）、威力强大的第3舰队早已在莱特湾附近展开积极活动，哈尔西指挥的舰载机正在连续袭击冲绳岛、吕宋岛和中国台湾岛的日军目标。

麦克阿瑟涉水登上莱特岛

800多艘战舰，1280余架舰载机，这可算得上是有史以来最庞大的舰队了。

在真正的战斗还没开始之前，麦克阿瑟就遇到了难题。通过侦察机和工兵们的实地侦察，很快就发现塔克洛班附近的所有机场都位于莱特湾及其附近，而这里恰恰是全岛天气最坏的地方，加上现在正逢雨季，机场排水不畅，美军的作战飞机将会深陷泥潭而无法起飞。

菲律宾莱特岛东岸塔克洛班的女兵

第三章 莱特岛"豪赌"

对塔克洛班恶劣的气候地理环境，麦克阿瑟并非一无所知。早在41年前，他还是一个初出茅庐的工兵少尉时，就乘汽船考察过那里。但"行大事者不察细故"，麦克阿瑟还是不管部下提出的反对意见，命令工兵部队于登陆5天后在塔克洛班的泥泞中建好一座有1500米跑道的临时机场，以便停放一个由75架飞机组成的战斗机群，尔后再建几个停放轰炸机、侦察机和更多战斗机群的机场。

就在登陆的前3天的空中掩护，麦克阿瑟本来还指望哈尔西麾下的航空母舰战斗机来帮忙，但哈尔西的回复让他很失望。哈尔西已把为麦克阿瑟提供空中掩护的航空母舰由原来的4艘减为2艘。他显然认为菲律宾的日本陆海军航空兵都已消灭殆尽，莱特湾并不存在真正的空中威胁。这样，麦克阿瑟就只能依靠肯尼手下的陆基航空兵了。

站在"纳什维尔"号巡洋舰舰桥上的麦克阿瑟目睹着眼前这宏大的战争场面，内心无比激动。他知道，担任主攻的东部方向总共有4个师。其中第1骑兵师和第24步兵师在塔克洛班机场附近登陆，他们能否成功是整个行动的关键。第96步兵师和第7步兵师在南边的杜拉格附近登陆，美军陆基航空兵准备在那里修建3个简易机场。

美军很顺利就登陆了。士兵们乘坐登陆艇穿越数公里长的海面，然后涉水登上沙滩，几乎没有遇到什么抵抗。根据菲律宾游击队提供的情报，强大而准确的舰炮火力已经把滩头附近为数不多的几个日军据点夷为平地，日军大部队早就躲到可以俯视海岸的山上，钻进在那里挖掘的坚固岩洞，躲避美军战列舰发射的直径406毫米、重达450公斤炮弹的轰击。

13点，麦克阿瑟决定上岸。直到下午14点30分，麦克阿瑟乘坐的登陆艇停靠在4艘大登陆舰侧旁。其中一艘登陆舰中弹燃起熊熊大火，岸上不时响起枪声。麦克阿瑟和其他人跳下登陆艇，淌着膝盖深的海水走上岸来。

在莱特岛的登陆行动，美军付出的代价很小。仅有49人死亡，192人受伤。而且在登陆的当天，占领了宽20公里、纵深18公里的登陆场，有6万多人、4500辆各式军用车辆和10.7万吨物资运送上岸。

麦克阿瑟对此显然很满意。他在给罗斯福寄出的第一封信中写道：

"战斗在顺利进行……它在战略上突破了敌军防线的中心……在战术上将菲律宾部队分成了两半，由于绕过了这些岛屿的南半部分，美军的伤亡人数可能会因此减少约5万人。"

在美军登陆后的头5天里，日军航空兵和海军部队还没有对莱特湾登陆部队发动大规模攻势，但美军已明显感到对方越来越大的威胁。21日黎明，3架日本飞机掠过"纳什维尔"号巡洋舰上空。其中，两架被高射炮火拦腰斩断，第3架日本飞机却一头撞上了不走运的"澳大利亚"号巡洋舰舰桥，几名正在上面观战的澳大利亚

一架日本"零"式战斗机向美舰俯冲而来

海军将校当场阵亡。

莱特湾内的舰船和刚刚登陆的部队需要强大的航空兵保护，这是麦克阿瑟最担心的。按照作战分工，为莱特湾上空提供掩护的任务主要应由哈尔西第3舰队来承担，可是哈尔西坚持认为莱特湾上空没有严重空情，而于10月27日开始去搜索日军的航空母舰部队。因此，莱特湾上空的防御十分薄弱。

麦克阿瑟心急如焚地找来肯尼，让肯尼指挥的第5航空队尽快进驻莱特岛。肯尼告诉他，陆基航空兵何时在莱特湾发挥重要作用，完全取决于岛上的简易机场什么时候能修好。

麦克阿瑟接连两天与肯尼一起到岛上视察塔克洛班机场和杜拉格机场的修筑情况。结果让他们十分失望：两个机场都很小，改建机场的推土机刚挖下几铲土，地表下就冒出水来，雨季一来，这里岂不成了泥沼？肯尼命令工兵们在机场跑道上铺下珊瑚沙砾，又在上面铺上带孔的钢板。但即使这样，也只能停放半个P-38战

麦克阿瑟在"纳什维尔"号巡洋舰上观察战况

斗机群，而几十架飞机对急需掌握莱特湾制空权的美军来说是远远不够的。

1944年10月6日，也就是麦克阿瑟开赴菲律宾的10天前，日本第14方面军新任司令山下奉文抵达马尼拉。但这位野心勃勃想大干一场的家伙发现参谋总部交给他的是一个"烫手山芋"。

从编制上看，第14方面军下辖9个师和3个旅，约23万人，人数并不算太少，但部队大都星罗棋布地分散在菲律宾各个岛上，将有限的兵力分散到各处分兵把守，到处撒胡椒面。况且，在大敌当前的关键时刻，整个菲律宾的防御竟然出现了事实上的两套指挥班子，兵力也一分为二。

但是，现在集结在吕宋岛上准备进行地面决战的只有第8师（驻守八打雁）、第103师（驻守阿帕里）、第105师（驻守比卡尔）及第58旅（驻守林加延），还有作为预备队的第26师和第2坦克师。另外的4个师和1个旅则由驻在宿务岛上的第35集团军司令铃木宗作指挥，单独负责包括棉兰老岛、莱特岛等菲律宾中、南部地区的防御，与南方军司令寺内寿一保持密切联系，山下奉文根本就插不上手。

山下奉文不知道麦克阿瑟大举进攻时，自己能否守住吕宋岛，铃木宗作能否抗得住美军对棉兰老岛和莱特岛的进攻，他心里一点底都没有。

眼下，山下奉文最盼望的就是从本土和中国东北大连港驶出的运送援军的船只能够躲过美国潜艇的伏击，尽快把增援兵力送到菲律宾来，同时在已往战斗中筋疲力尽的航空兵部队能够及时得到整编和重建，使得他们能够在菲律宾反登陆作战中大显身手。

此刻，山下奉文还并不清楚，在台湾岛海域航空战中制造虚假捷报的海军航空兵已经损失惨重。到莱特湾登陆作战开始前，能够参加菲律宾作战的飞机，陆军只剩下第4基地航空队的200架飞机，海军只有265架飞机。而且他们的地面支援设施，有的受到严重破坏，有的根本就不完善。

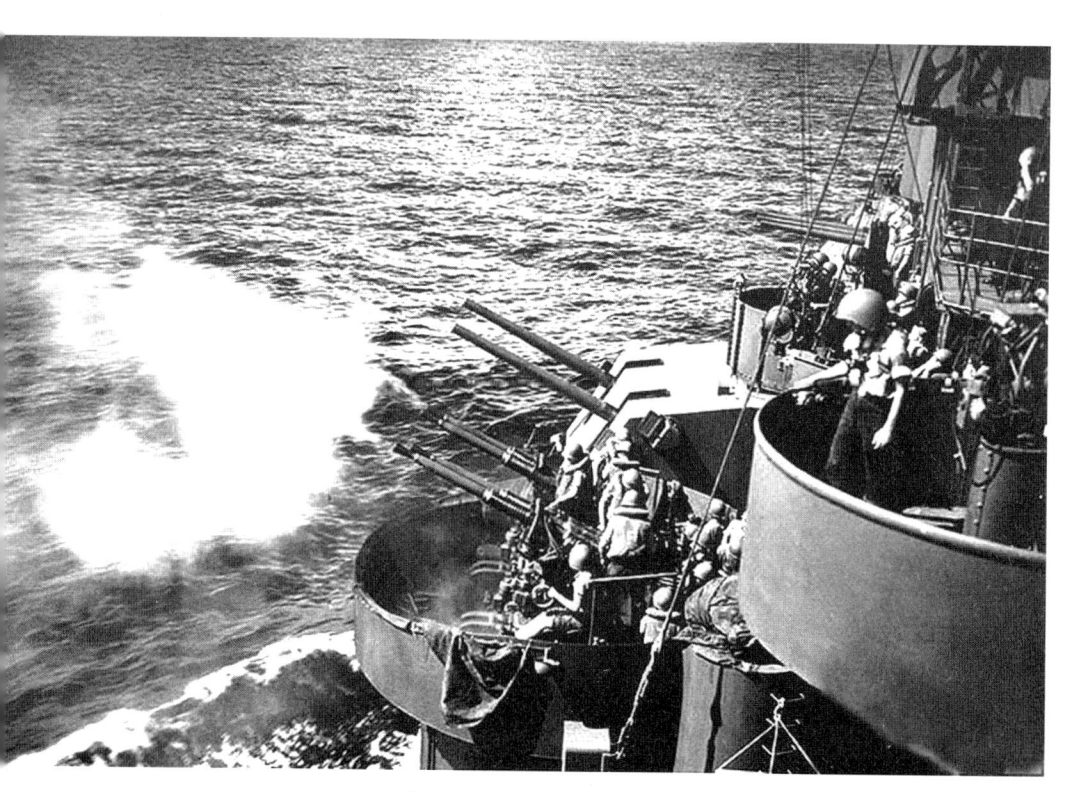

美军40毫米高炮在射击

第三章 莱特岛"豪赌"

第35集团军司令铃木宗作也深感兵力不足。战前，他判断美军最可能在菲律宾的第二大岛——棉兰老岛上登陆，因此把第100师和独立混成第54旅都部署在那里，并以岛上的达沃为主要海、空军基地。准备战斗打响后，以第100师坚守达沃，并调用第30师主力和第102师一部配合歼灭登陆之敌。

除了上述作战方案外，铃木宗作还设想美军在莱特湾方面登陆时，使用第30师和第102师一部增援莱特岛的方案。

不过，在短短的几个月时间里，铃木宗作的战备工作并没有得到太大的改观。棉兰老岛上的陆路交通依然十分不便，贯穿南北的道路靠着不断修补才能勉强通汽车，而海岸和内地的军事工事大部分都没有建好。即使是战备最充实的莱特岛守军第16师，也不过是把海岸第一线的主要阵地加固了一下。

然而，无论是山下奉文还是铃木宗作都没有想到美国人来得这么快，并且会在小小的莱特岛摆下如此大战场。

10月17日凌晨，在位于莱特湾口的苏禄安岛的日本海军瞭望所里，一直抱着高倍望远镜搜寻海面的观察员突然发现，一大群灰黑色的美国军舰正在向他们这里开过来：驶在前面是2艘巡洋舰、4艘驱逐舰和3艘扫雷舰，跟在后面的是8艘快速运输舰。

其实，日军的观察员还不知道，此时美军扫雷舰艇已经开始在莱特湾湾口附近扫雷，还有几支小分队已经陆续爬上苏禄安岛，正悄悄地逼近瞭望所。

日本即将大祸临头，日本海军观察员立即向上级发出警报。这位日军的观察员万万没有想到，他刚刚发完电报，美军突击队员就把黑洞洞的枪口对准他的脑袋了。

与此同时，另外几支美军小分队爬上附近的侯蒙特岛和迪纳加特岛。这两个荒无人烟的小岛根本就没有日军防守，美国人很快在山上建起发光航标，为后续舰艇进入莱特湾进行导航。

★麦克阿瑟与普莱斯庄园

几天后，麦克阿瑟搬进了位于塔克洛班的美国农场主普莱斯的庄园。他很喜欢这座用水泥和砖石建成的奶油色建筑，却不喜欢门前草坪上专用的防空洞。

巴丹战役之后，有人曾嘲笑他是"防空洞里的道格"，言外之意他是一个不敢亲临前线的胆小鬼。自从那以后，麦克阿瑟就一直以"防空洞会传播肺炎病毒"为由，拒绝钻入拥有电灯、家具、地毯和排气扇等舒适的洞穴。

在随后的一段时间里，日本飞机对塔克洛班的袭击愈加频繁激烈，有时一天轰炸十几次。普莱斯庄园作为当地少有的几座现代化建筑之一，自然是日本飞机重点光顾的目标。有趣的是，日本飞机对庄园的10余次轰炸中，只有一颗炸弹命中目标，落在麦克阿瑟隔壁的卧室里，却没有发生爆炸。另一颗落在麦克阿瑟卧室长沙发上的哑弹则是美军高射炮兵发射的。

当天晚上，高射炮部队指挥官马克特回到普莱斯庄园吃饭时，麦克阿瑟将这颗炮弹"吧嗒"一声丢在他面前的桌子上，说："比尔，告诉你的炮手们，射击时瞄得再高一点！"

在麦克阿瑟饱受日军空袭之苦的同时，莱特岛东边的美军主力登陆部队按照既定计划，正朝着横亘在莱特岛中间地带的"中央山脉"缓慢而艰难地前进。这时的战场形势，已由美军登陆初期的急剧扩张变成两军的胶着状态。

2. 美日的"底牌"

接到情报的日本联合舰队司令部很快就下达了"捷1号作战预令"。但是，只是预令而已。由于一个多月前虚惊一场，现在无论是海军还是陆军的前线指挥官都开始变得非常谨慎。

当时，达沃基地受到美军空袭，惊慌失措的日军观察员把海面上的波浪误认为是美军登陆艇，便慌忙向上级做了汇报，当地日军内部也盛传"涂着迷彩颜色的美军坦克正开往达沃第二机场"。

这吓得日本联合舰队司令部匆匆下达了"捷1号作战预令"，第35集团军司令部下达了"铃1号预令"。等到日军得知这只是一场虚惊时，整个棉兰老岛早已乱成一团。

于是，这次那些战地陆海军将领们决定谨慎一点儿。可老天不作美，莱特湾附近乌云密布，能见度很低。虽然海军侦察机在17日下午发现了一小群美国军舰，却无法得到进一步证实。

那些远在几千公里之外的东京大本营的高参们，猜不透美军的意图究竟是什么。浮在他们脑海里的画面竟然是：在莱特湾活动的只是哈尔西的海军舰队，麦克阿瑟的陆军部队则可能同时在棉兰老岛南部登陆。

当天午后，南方军司令寺内寿一在第4基地航空队的建议下，给大本营拍电报，要求考虑正式启动"捷1号作战计划"。

18日，莱特湾既是刮大风又是下暴雨，日军所有飞机都不能起飞。防守莱特岛的日军第16师师长牧野四郎也搞不清楚美军突

满载着舰载机的美军航空母舰

袭的原因,此时他的脑子里还装满了台湾岛海上航空战的"赫赫战果",根本没有注意到美国会突袭莱特岛。

牧野四郎向上级报告说:"敌舰多艘驶进莱特湾,企图不明。"发出电报后,他望着窗外的暴风雨发呆。他唯一能做的就是等着美国翻出底牌。

日本联合舰队根据各种情报,判断美军在莱特岛登陆的可能性较大,便制订了临时应急方案并通报了南方军总司令。寺内寿一这时才下定决心,报告大本营陆军部,请求发动"捷1号作战计划"。

19日零点,日本大本营终于下令启动关系到"帝国存亡,在此一战"的"捷1号作战计划"。但是跟原来的作战计划相比,现在的作战计划发生了很大的变化。

山下奉文并没有大本营高参们那么乐观。他反对修改决战方针。他的理由是:无论台湾岛海域的空战战果是真是假,是否给美国人造成了巨大损失,但可以肯定的是,美军不会在菲律宾轻易地向日本,或是向缺少充分准备的莱特岛派遣庞大的兵力。运送部队的舰船和保障作战的给养军械供应,这些对于日军来说,都是很大的问题。一旦莱特决战失败,原计划的吕宋决战也将成为泡影。

日军大本营为了转变山下奉文的态度,他们先后派出作战部部员、次长和作战课长前往菲律宾,对山下奉文进行说服工作。寺内寿一元帅也于22日召见他,向他施加压力。结果,山下奉文做出让步,表示服从。

22日，南方军司令部下达了进行莱特湾决战的命令，由第14方面军向莱特岛增派第1师、第26师以及第68旅等部队。

为了贯彻莱特岛决战方针，把空袭看成决战关键的日本军方加紧对航空兵部队进行整编。驻守菲律宾的海军航空兵第1航空舰队司令因为不得力被撤换，新任司令大西泷治郎于19日抵达菲律宾。两天后，以台湾岛为基地的第2航空舰队司令福留繁也飞到了马尼拉，与大西泷治郎协商联合作战事宜。不久以后，这两支海军航空舰队被统编为第1联合基地航空队。

另外，还有一个让日军感到很棘手的任务，那就是从各地抽调航空兵力，同时在菲律宾紧急集中。为此，大本营的高参们绞尽脑汁，总算抽调了九州的第12飞行团、台湾岛的第25飞行团以及由明野陆军飞行学校等单位改编的第30战斗飞行集团等陆军航空兵部队开赴菲律宾前线。驻台湾岛的海军航空兵部队也派出近200架的战斗机、舰载攻击机和舰载轰炸机到菲律宾前线。

几天来，由于美国飞机一直在对菲律宾各地机场、仓库等军事目标实施猛烈轰炸，奉命集结的日军飞机只能利用黄昏和拂晓的时候在吕宋岛各地机场，悄悄地降落，因此，集结速度很缓慢。至22日，菲律宾各地机场上已停放着450架日本飞机。

按照日本联合舰队司令部的通报，日本海军水面舰艇部队突入莱特湾的时间是25日黎明。为配合水面舰艇行动，航空兵部队在总攻的前一天实施了总攻击，事实上，这只不过是一小群飞机的干

莱特湾的美国海军鱼雷艇正在巡逻

扰性行动而已。

日军在美军莱特岛登陆之初,很快就失去部署在岸边第一线的主力——5个步兵营和2个炮兵连,剩下的残余力量则被分割包围在塔克洛班西侧、帛琉(帕劳)群岛和杜拉格附近。为挽救败局,步兵第33团团长铃木辰之助曾率领40名敢死队员乘着夜色冲入帛琉(帕劳)群岛。经过一场激烈的战斗,最后全部阵亡。牧野四郎率第16师师部从塔克洛班转移到达噶米,准备在那里进行指挥,谁知这样一来局势更加糟糕,他不仅与仍在滩头坚持作战的守军失去了联系，而且与第35集团军的通信也中断了，岛上日军完全陷入一片混乱之中。

第35集团军司令铃木宗作判断美军登陆兵力约为两个师，美军在巩固塔克洛班和杜拉格这两个滩头阵地之后，一定会向内陆发展进攻。因此要求守军第16师和增援的第102师占领普劳恩、达噶米、哈罗等地，掩护第1师、第30师以及第68混成独立旅等增援部队顺利在莱特岛西边的奥尔莫克湾和北边的卡里噶拉湾登陆，然后在卡里噶拉平地集结，配合25日海军和航空兵的总攻，一举歼灭位于塔克洛班和杜拉格附近的美国登陆部队。

然而25日海军的总攻失败了，留给铃木宗作的选择只有固守待援、伺机反攻的一条路了。

为此，日军在面对塔克洛班和杜拉格北边的卡特蒙山区构筑了大大小小的碉堡，派重兵依托工事拼死抵抗，以保护西边50公里远的奥尔莫克港。卡特蒙山区又被美军称为"断头岭"。

奥尔莫克是莱特岛上最大的港口，也是日军大规模增援莱特岛的唯一通道。远在东京的大本营参谋们从地图上发现，如果美军想到达奥尔莫克，除了翻越"断头岭"山脊，还要穿过奥尔莫克山谷，再翻过几座山，才能到达奥尔莫克所在的海岸平原。因此，日军认定这里是消耗美军兵力的最好战场，主张在莱特岛增加援兵，同时可以在莱特岛的山区打一场持久而惨烈的消耗战。

然而，对前线形势的变化颇为敏感的第14方面军司令山下奉文对这种看法表示反对。他认为尽管日军会令美国人损失惨重，但最终美军还是会占领莱特岛，与其将兵力消耗在这里，还不如放弃莱特岛，全力保卫吕宋岛更有意义。

11月9日，山下奉文公开唱起了反调。他对南方军司令寺内寿一说："莱特作战现在已经到了该结束的时候了。这里的作战即使再打下去获胜的机会很渺茫，反而会给今后的吕宋岛作战造成困难。"

可这位曾经使英国人胆战心惊的"马来之虎"山下奉文始终无

莱特岛上匍匐前进的美军士兵

山下奉文

法说服南方军司令寺内寿一，当然更没有使大本营那些想入非非的参谋们改变主意。铃木宗作也坚持说："日军在莱特岛能顶住美国人的进攻，关键是要得到源源不断的支援。"

而铃木宗作狮子大开口：起码需要增援4.8万人，战马600匹，汽车210辆。

但随着日军海上作战的失利以及空中优势的失利，向莱特岛上输送部队和给养变得日益困难。整个11月份，寺内寿一、山下奉文和铃木宗作想尽一切办法，才为莱特岛筹划了2.6万名士兵，1.4万立方米的军需品，而且有一半以上的人员和物资还没等日军到达奥尔莫克港，就因为运输船遭受美军袭击而落入大海。

损失最大的是日军机械化精锐部队第68旅。12月9日，该部队在莱特岛北端的圣伊西罗德登陆时，遭到美军的猛烈攻击，虽然士兵们大都上了岸，可是原来的坦克兵却变成了轻步兵，因为坦克和火炮与运输舰一起沉入了大海。

为了减少损失，日军只好采用化整为零的方法改变运输方式，日军派了大量机帆船和快速船"蚂蚁搬家"似的不断向岛上输送小股兵力。

而美军陆续登陆的兵力已经多达7个师，在岛上修建的机场也达到5个，美军逐渐掌握了莱特岛地区的制空权，致使日军输送兵力和物资相当困难。地面部队被迫节节后退，主力第1师在哈罗地区与美军激战多日，主动权逐渐丧失。于是，山下奉文和铃木宗作决定放弃预定的卡里噶拉会战而发动"普劳恩战役"计划，企图夺取塔克洛班周围的几个机场，掌握制空权，彻底扭转被动挨打的局面。

"普劳恩战役"计划规定：11月26日傍晚，以第4航空军的王牌"薰空降敢死队"在塔克洛班美国航空兵基地强行着陆，尔后在海空部队的支援下，夺取美军机场控制权；以第2挺进团在普劳恩和圣帕洛布机场降落并占领上述机场；同时派陆军第16师、第26师从陆地发动钳形攻势，予以策应。

铃木宗作开始对第26师寄以重托，希望该师在普劳恩战役中发挥重大作用，因为普劳恩方向一直由仅剩下3000多人的第16师在苦苦支撑着，已经到了弹尽粮绝的地步，即将全线崩溃。

第26师是日军第一个按三个步兵团建起来的新编师，该师在1944年7月从中国战场调到菲律宾。在很不合适的时机，在还没熟悉吕宋岛的马尼拉郊外环境的情况下，第26师就作为增援部队被派到莱特岛来。

11月11日，运载第26师上万名增援部队的日本运输舰队即将驶入奥尔莫克港，却遭到美国第3舰队的大规模空袭。300余架美国飞机呼啸着在日本船队头顶轮番俯冲轰炸，飞行高度很低，站在甲板上的日本水兵都能清楚地看到飞机上的美国人。

顷刻间，5艘运输舰全部沉入海底，7艘护航战舰中的5艘没有逃过灭顶之灾。随船运来的火炮、机枪、工兵器材和大量的军需品全部沉入海底。一些步兵和工兵落水后，靠着运气和顽强的求生欲望侥幸爬上了岸，总算保住了性命，但这时已经是两手空空。

第26师这次向普劳恩进军，走的道路全是密林小路，全靠人的两条腿。有的地方甚至是没人走过的森林地带，要用大砍刀砍出一条道来，所以日军的行军速度极为缓慢，普劳恩地面决战也因此而一拖再拖。

由于第16师和第26师已经筋疲力尽，山下奉文等人把取胜的最后希望寄托在第4航空军的王牌"薰空降敢死队"和海军的第2挺进团身上，企图通过这一次陆海联合总攻击来缓解尴尬的局面。

"薰空降敢死队"由中重男中尉率领，全队80人，由道格拉斯

一辆被日军火力击毁的美军"谢尔曼"M4坦克

三型运输机空运至战场。第2挺进团有兵力250人，由40架飞机运送。为配合这次奇袭，从11月24日开始，日军先后派出64架陆基飞机和30架海军飞机对莱特岛上的美军机场和莱特湾内的美军舰艇进行攻击。

26日傍晚，中重男带领80名士兵乘坐飞机强行降落在塔克洛班机场的跑道上，敢死队员跳出机舱后就遭到机场美军的射击，但是不怕死的敢死队员还是冲上机场塔台，控制了整个机场。

但到 12 月 6 日日军才发动的普劳恩作战并没有那么顺利。当天晚上，第 2 挺进团的 40 架飞机降落在机场跑道上以后，立即遭到美军猛烈炮火袭击，日军大部分被歼。奉命配合这次空降的日军第 16 师一部到第二天凌晨才冲入普劳恩的北部机场，与第 2 挺进团余部取得了联系。但冲入普劳恩南机场的第 26 师被美军击退了。

直到 7 日晚，日军凭借第二次进攻才占领了普劳恩南机场。

★日军企图在莱特岛消灭美军

按照原来的计划，美军在攻击菲律宾中、南部，也就是棉兰老岛、莱特诸岛时，日军只派海军和航空兵部队与其决战，山下奉文指挥的第 14 方面军地面部队只有在美军登陆吕宋岛时才参加决战。

当时日军认为，第 14 方面军本来就兵力有限，在美国强大的海、空军威胁下，向菲律宾中、南部各岛输送兵力将很困难。日本大本营的高参们以为哈尔西的第 3 舰队遭受到沉重打击，舰载机部队损失惨重。而驻在帛琉（帕劳）群岛、莫罗泰岛上的美国陆基航空兵又距离莱特湾太远，因此，他们决定改变原来的决战方针，不仅海军和航空兵要参加莱特湾决战，地面部队也要参加决战，日军企图歼灭在莱特岛登陆的美军。

为达成这一目的，日本大本营准备一方面出动联合舰队主力，在陆军和陆基航空兵的配合下，在莱特岛与美军展开决战，同时派出一支航空母舰部队当作诱饵，把哈尔西第 3 舰队的主力吸引到北面的台湾岛方向去。

如果这一企图得以实现，麦克阿瑟就会失去空中掩护，上岸的陆军官兵和大批装备就会暴露在光秃秃的海滩上等着挨打，而日本舰队也会从南、北两个方向突入莱特湾，用优势炮火将金凯德指挥的第 7 舰队运输舰、战列舰、护航航空母舰通通送进海底。

3. 日军的"豪赌"

日军利用空降兵与地面部队相配合，出奇兵占领美军机场，这的确给美军带来不小的麻烦，肯尼所指挥的陆基航空兵的活动被暂时抑制住了。

然而，山下奉文还没有来得及为奇袭美军机场的胜利举杯相庆，一个可怕的消息便传了过来：美军在奥尔莫克港登陆了。

从登陆莱特岛的那天起，麦克阿瑟和他的部下要对付的敌人就有两个：一个是疯狂的日本人，另一个是当地几十年不遇的恶劣天气。这恶劣天气比日军更厉害。

强烈的台风和季雨几乎是同时与美国人一起入侵菲律宾的。在大多数时间里，莱特岛上整天都在下雨，有时可怕的暴风和倾盆大雨使得白昼也像黑夜。

没日没夜的暴风雨，使得莫尔莫克山谷变成了一片浅水湖，这给行进中的美军造成了一定的阻碍，美军进攻部队必须像滩头登陆那样淌水前进，塔克洛班市内的积水没过士兵们的膝盖。尽管工兵部队在拼命抢修被重型车辆和作战飞机碾压得破烂不堪的道路和机场。对于在莱特岛成功登陆的美军来说，这简直是在泥潭中行军。

到了11月中旬，十多万美军作战官兵和勤务人员已在泥泞之中挣扎了3个星期。可惜，除了登陆还算顺利外，莱特岛之战的两个主要目的，即完全占领该岛和建立轰炸机、战斗机机场体系则一个也没有达到。

莱特岛上缺乏弹药、粮食和医药设备，官兵们筋疲力尽，士气低落，部队因战斗伤亡和丛林疾病而大幅度减员。被大雨浸泡过的塔克洛班和杜拉格附近机场跑道极其松软，又时时遭受日本飞机的轰炸，因此修复、扩建机场的工程进展得十分困难而缓慢。

有时，来自哈尔西第3舰队的舰载机执行战斗任务后，因油料不够不能返回航空母舰，只好在塔克洛班和杜拉格机场紧急着陆。但湿滑、多坑和短短的跑道往往使这些飞机遭受噩运。不少飞机在跑道上碰撞、翻滚，折断机翼，燃起熊熊大火。

由于莱特岛之战的胜利遥遥无期，原先打算进攻吕宋岛的行动一再被推迟，这不仅影响到西南太平洋战区的作战计划，也将影响整个太平洋战区的下一步行动。

麦克阿瑟决定改变莱特岛作战的被动局面。但一个多月以来，他无论用多么严厉的话语催逼克鲁格，克鲁格的部下们仍无法加快进攻速度。

所以，麦克阿瑟决心把新的生力军——第7师调上来，令其在莱特岛的西海岸奥尔莫克港附近登陆，从敌人背后发动进攻，切断日军与这个补给港口和供应基地的联系，以配合克鲁格指挥的第10军、第24军从正面进攻。这一招果然灵验了。

12月7日，是日军偷袭珍珠港的纪念日。美军第7师出其不意地在奥尔莫克湾的伊皮尔登陆，尽管日军飞机突破防空火力击沉了两艘驱逐舰，登陆部队却在抢滩登陆过程中竟然很顺利，几乎没有遇到日军真正的抵抗。

3天后，美军坦克开进了奥尔莫克港区。莱特岛上的日军陷入

被美军舰载机炸毁的日本飞机

腹背受敌的被动境地。山下奉文听到这个消息后呆立了许久，最终决定停止普劳恩方向的作战，命令第16师和第26师向后180°大转弯，退往奥尔莫克地区。

日军冲入机场的空降兵以及第16师和第26师的先头部队被美军坦克部队分割包围，最后被猛烈的炮火全部消灭。匆匆赶到奥尔莫克地区的日军并没有挡住美军的进攻势头。

12月21日，在奥尔莫克湾登陆的美军第7师与正面攻击的美军第10军部队会合。遭到前后夹击的日军残部只好退到莱特岛北部的山地里，分成许多小股部队继续负隅顽抗。

日军大本营鉴于大势已去，第4航空军也丧失了战斗力，于是就放弃了莱特湾决战计划。

但是，日军并没有放弃这个海岛，仍然想尽各种办法把棉兰老岛第30师的两个步兵营、吕宋岛第8师的三个步兵营和一个炮兵营运送到这里。

在圣诞节那天，麦克阿瑟发表了一份特别公告，宣布"莱特岛已经光复，剩下的只是些清除残敌的扫尾工作"。之后，他把这项"扫尾工作"交给了新组建的第8集团军司令艾克尔伯格。

实际上，这项"扫尾工作"进行得并不轻松。艾克尔伯格率领的美国第8集团军为之付出了惨重的代价：疯狂的日军进行了长达4个月的拼死抵抗，将岛上的作战一直拖到1945年春天；最后，躲在山里的几万名日军中只有不到1000人乘小船逃跑，800多人被俘，

第三章　莱特岛"豪赌"

其余的人不是战死、病死，就是饿死在这座狭长的小岛上了。

难怪艾克尔伯格会在一次作战会议上愤愤不平地说："扫尾？我们足足杀了2.7万名日本兵。"

在整个莱特岛作战中，美军共伤亡1.55万人，其中阵亡3500人。

据说，日本新任首相小矶国昭对莱特岛战役十分看重。战役开始时，他甚至高呼"莱特岛之战是日美之战的天王山！"天王山的典故来自一次日本的古代战役。当时羽柴秀吉与明智光秀率领的两军在山崎交战，能不能占领天王山成为战场胜负的关键。

小矶国昭把莱特湾战役比成日美之战的天王山，自然是打算把一切力量投入其中，与美军决一死战。所以当他后来听说大本营决定停止莱特湾决战，顿时勃然大怒，气哼哼地对陆军总参谋长说："怎么搞的？从莱特岛转到吕宋岛，根本没有进行决战？"

在公开场合，小矶国昭却只能无可奈何地作自我掩饰，说"天王山之战已由莱特岛转移到吕宋岛"。难怪人们在背地里嘲笑他说："日本没有败，只是天王山转移了。"

1944年10月21日，当麦克阿瑟指挥部队爬上莱特岛的海滩，正在向日军盘踞的塔克洛班和杜拉格艰难挺进时，位于文莱湾的日本联合舰队第2舰队正在旗舰"爱宕"号重巡洋舰上，举行了一次特别的"壮行"酒会。

酒会的主持人是日本联合舰队第2舰队的栗田健男，参加酒会的是舰队的各战队司令及参谋们。

由于这是出击前的最后聚会，而接下来突入莱特湾的作战又前途未卜，平时沉默寡言的栗田健男一反常态，用非常严肃的口气说："眼下的战局实际上比各位想象的还要严峻。如果国家灭亡了而舰队尚存，对于我们来说，这是一件很可耻的事情。我想，大本营是要本舰队'置之死地而后生'。"

接着他又说道："战局发展到今天的地步，莱特湾的突击是义不容辞的，我们是会创造奇迹的。谁敢断言我们舰队此次出击不会力挽狂澜，挽回败局呢？诸位，歼灭势不两立的仇敌哈尔西、米切尔、金凯德等舰队的机会来到了！我希望诸位努力奋战，再立新功！"

于是，在栗田健男鼓动下，赴宴者群情激动，举起酒杯齐呼万岁。这种气氛将几个月来挥之不去的抑郁一扫而光，在被白天的烈日烤得发烫的舱室内，醉醺醺的日本海军们觉得胜利的战果离他们近在咫尺，似乎唾手可得。

22日早上8点，栗田健男率领舰队离开文莱湾，以18节的速度由巴拉望岛北面取道圣贝纳迪诺海峡向莱特湾挺进。

栗田健男的舰队拥有7艘战列舰、11艘重巡洋舰、2艘轻巡洋舰和19艘驱逐舰，其中包括世界上吨位最大的超级战列舰——"大和"号超级战列舰和"武藏"号超级战列舰，实力颇强。

舰队司令栗田健男站在旗舰"爱宕"号重巡洋舰的指挥舱内，用望远镜不时地望着浩浩荡荡开进的舰队，举手投足之间显得很凝

第三章 莱特岛"豪赌"

日本"爱宕"号重巡洋舰

栗田健男

重，眉宇之间也流露出几丝忧愁。

在航空母舰已成为海上霸主的时代，栗田健男要率领这样一支由水面舰只组成的舰队，在完全没有空中掩护的情况下突入战场。要克服强大的美国海军航空母舰编队的阻拦和袭击，这些困境无疑会令他战战兢兢，顾虑重重。

后来，丰田副武在战后受审时说出了制订这个计划的无奈："如果最坏的情况发生，我们可能丧失所有的舰队。而我认为，我们一定得冒这个险。如果我们在莱特湾战役中失败，南方和本土的运输线会被完全切断，到那时，即便舰队侥幸保留下来，也没有用。在这种情况下，如果舰队撤回日本内海，将无法得到燃料供应。反之，如果留在南方海域，它又得不到本土的弹药和武器供应。因此我认为，菲律宾群岛一旦丧失，我们舰队的存在就毫无意义了。"

正是在这种赌徒心理的驱使下，日军海军决定豪赌一把。日军用过时的战列舰与美国的航空母舰进行对抗，其胜算能有多少可想而知。

而小泽治三郎舰队能否如愿以偿把哈尔西庞大的舰队引诱到遥远的北方海域，相隔数千海里的栗田健男主力舰队、西村祥治分舰队以及志摩清英的第2游击部队能否准时在25日拂晓抵达莱特湾口，这样的一些问题已经没有人去操心了。

日军大本营的陆军将领们对修改后的"捷1号作战计划"规定感到很吃惊。他们认为这是一个近似疯狂的作战计划。他们担心这一次日本再失败的话，日本就没有多少军舰可以用来保卫日本列岛了。但日本联合舰队司令丰田副武坚持认为，"这是摧毁拥有巨大物质力量之敌的最后一个机会"。

海军内部同样也被赌徒般的狂热气氛所笼罩，他们并不认为用战列舰对付美国的航空母舰有什么不妥。只是有一些军官认为，如果未能在海上与敌军舰队主力决战，而仅仅击沉已把人员和器材输送上岸的美国运输船队，那将是日本海军的耻辱。

也有一些人对此表示不满。栗田健男手下的水面舰艇军官就嘟嘟囔囔地说，作战计划规定把栗田健男舰队的32架侦察机全部交给陆基航空兵使用，这样会使栗田健男司令失去有效的海上侦察手段，让整个舰队如同瞎子一样在危险的海域莽撞开进，后果将会不堪设想。

小泽治三郎舰队的军官们则质问前来传达作战命令的日本联合舰队司令部作战参谋神重德："没有几架飞机的航空母舰怎么能去打仗？"神重德无奈之中，只好透露了上峰的真正意图："你们的任务就是去当诱饵。"

★新的"捷1号作战计划"

修改后的"捷1号作战计划"规定：

航空作战方面，先由大西泷治郎指挥的第1航空舰队和福留繁指挥的第2航空舰队在大约700海里的范围内不断搜索、打击、消耗敌军舰队实力，将日军在海上决战的压力减小；

水面舰艇作战方面，决战时兵分三路，小泽治三郎率领的第1机动舰队为北路，充当诱饵，在吕宋岛以东海域实施佯动作战，把美国强大的第3舰队远远地引到北方去；

栗田健男率领的第1游击部队为中路，担任主攻，乘虚冲进莱特湾，直取莱特湾海域的美军支援舰队；

志摩清英率领的第2游击部队为南路，配合主力部队作战。

该计划还提到，如果出击迟误，敌人已经登陆，那么舰队也要突入海湾，歼灭敌军海上的船队。

此次日本海军的编成为：

第2舰队（即第1游击部队，栗田健男指挥）：

下辖第1、第2、第3部队。拥有战列舰7艘、重巡洋舰11艘、轻巡洋舰2艘、驱逐舰18艘。

第5舰队（即第2游击部队，志摩清英指挥）：

拥有巡洋舰3艘、驱逐舰4艘。

第3舰队（即第1机动舰队，小泽治三郎指挥）：

拥有航空母舰4艘、战列舰2艘、巡洋舰3艘、驱逐舰8艘。

第5基地航空部队（即第1航空舰队，驻菲律宾，大西泷治郎指挥）：

下辖3个航空战队、4个直属航空队，飞机400架。

第6基地航空部队（即第2航空舰队，驻台湾岛，福留繁指挥）：

下辖2个航空战队、5个直属航空队，飞机600架。

4. 不利的局势

在日本发动的这场太平洋战争中，日本海军的联合舰队始终扮演了主要角色，他们发动了无数次的海上作战行动。

10月22日晨7点，联合舰队的战列舰列队驶出文莱湾。一艘艘战列舰的烟囱里浓烟滚滚，锅炉房的机修工们正费力地调整着燃烧器，以使这些从新加坡出发后航行了521海里的战列舰能继续燃烧黏稠的原油。

第1游击部队离开锚地后，兵分两路：

中路舰队由栗田健男指挥，由5艘战列舰、10艘重巡洋舰、2艘轻巡洋舰、14艘驱逐舰组成，取道险恶的巴拉望暗礁海区，绕民都洛岛，进入锡布延海，出圣贝纳迪诺海峡，从萨马岛北部包抄莱特湾。

南路舰队由西村祥治指挥，由2艘战列舰、1艘重巡洋舰、4艘驱逐舰组成，经苏禄海，与由柱岛出发的拥有3艘巡洋舰、4艘驱逐舰的志摩清英舰队会合，然后从莱特岛南部的苏里高海峡进入莱特湾，策应栗田健男舰队的进攻，让莱特湾的美军首尾不能相顾。

日本海军最近使用了新密码，变换了蒙骗敌人的手法，实行了严格的无线电静默，这使太平洋舰队司令部情报处不能掌握到"捷1号作战方案"的全部内容。

因此，栗田健男还想着到了第二天晚上，就可以庆祝世界上最大的两艘战列舰通过了巴拉望暗礁区。但他并不知道，美军的两艘潜艇已经发现了他。

栗田健男没有想到，他的舰队出发后不久，就被美军的"海鲫"号潜艇和"鲦鱼"号潜艇盯上了。这两艘潜艇是金凯德第7舰队派出的。其任务是，在巴拉望海区进行巡逻，警戒日军舰队的活动。

巴拉望水道宽 40 公里、长 500 公里，是敌舰北上民都洛水域、进入莱特湾的必经之地。

于是，厄运首先笼罩在日军主力编队栗田健男舰队的头上。23 日 1 点 16 分，美军"海鲫"号潜艇和"鲦鱼"号潜艇在巴拉望水道南口，刚浮上水面进行观察，"海鲫"号潜艇的雷达屏上就出现了阵阵回波。一开始，水兵们还把它当成是一场即将到来的暴风雨。但这个判断很快就被否定了。

"海鲫"号潜艇

他们发现了由11艘大型舰和6艘驱逐舰组成的两个单纵列舰群。两艘潜艇立刻下潜，一边小心翼翼地进行跟踪，寻找战机，一边向第7舰队和第3舰队报告情况。

23日6点32分，"海鲫"号潜艇的艇长麦克林托克海军中校将潜望镜伸出水面，他惊奇地看到了燃烧黏稠原油的战列舰烟囱里冒出来的滚滚黑烟，他决定发起攻击。

"海鲫"号潜艇，在1000米的距离上，首先用舰首发射管对准一艘大船发射了6颗鱼雷，然后迅速转向，用舰尾鱼雷管向另一艘大船发射了4颗鱼雷。不久，传来一阵阵沉闷的爆炸声。

正在舰桥上指挥的栗田健男突然感到舰身在摇晃，"爱宕"号重巡洋舰中弹了。同时，"鲦鱼"号潜艇上的全体人员意识到，"海鲫"号潜艇袭击成功了。

"鲦鱼"号潜艇艇长克拉杰特海军中校通过潜望镜看着海上的混乱场面，惊呼道："一艘大船起火了。"他又说："日本人乱成一团，他们在盲目地开火。热闹极了！"

"他们来了。"艇长继续说。"准备开火！注意距离！降低潜望镜！角度左前舷10°。""前面的两艘不过是重巡洋舰，放它们过去。"随着艇长一声令下，"鲦鱼"号潜艇降下潜望镜，冲着日本舰队右翼的3号舰发射了6颗鱼雷，其中4颗击中了目标。

"海鲫"号潜艇首先击中的是第2舰队的旗舰"爱宕"号重巡洋舰。"爱宕"号重巡洋舰被4枚鱼雷击中，舰身前部和后部各中一枚，中部被击中 2 枚，舰身向右侧严重倾斜。栗田健男慌忙命令离自己最近的"岸波"号驱逐舰靠上来，将舰员接过去。

可是，"爱宕"号重巡洋舰的倾斜角度太大，"岸波"号驱逐舰根本靠不上来，只能停在距离它 200 米的海面上，等着司令和其他人员跳水游过去。栗田健男为了保全性命，不得不纵身跳进波涛汹涌的大海。"爱宕"号重巡洋舰仅在海面上挣扎 20 分钟就沉入了大海。

"海鲫"号潜艇袭击的另一艘大船是"高雄"号重巡洋舰。它被 2 颗鱼雷击中，伤势严重，舰舵失灵，舰身向右倾斜 10°，几个机舱灌进了海水，后来经过抢修才算恢复平衡。

"鲦鱼"号潜艇击中的则是日本"摩耶"号重巡洋舰。本来正对着鱼雷航迹线上的是"羽黑"号重巡洋舰，因为该舰舰长眼疾手快，向右转舵，躲过了这场灾难。可是"摩耶"号是巡洋舰就不走运了。

该舰舰长发现左舷 800 米处的鱼雷航迹，拼命地喊道："左满舵"，航海长却以为是他慌乱中喊错了口令，自作主张地将命令改成"右满舵，全速前进！"这一下子巡洋舰的左舷锚链舱、1 号炮塔下部、第 7 锅炉舱和后机舱各中了一条鱼雷，舰内传出巨大的炸裂声，整个舰身断成两截，仅过 8 分钟就沉进海底了。

当美军潜艇潜入深水以防止驱逐舰用深水炸弹袭击时，"海鲫"号潜艇监测到了巨大声响，人们起初担心这可能是"鲦鱼"号潜艇遭到反击后发出的炸裂声,而实际上这是被"鲦鱼"号潜艇发射的鱼雷炸成了两截的"摩耶"号重巡洋舰下沉时发出的响声。

栗田健男浑身湿漉漉地爬上了"岸波"号驱逐舰,由于该艘驱逐舰的通讯能力比较差,他又将指挥部转移到"大和"号超级战列舰上。栗田健男本来就一直在患登革热,经此一番折腾,病情就更加严重了。

这次栗田健男掉进冰冷的海水,总算使他清醒了一些,对此行的冒险不那么有信心了。几乎在栗田健男落水的同时,被袭击的日本舰队开始盲目反击。

深水炸弹轰雷般的向美军的两艘潜艇袭来,可是,日本舰只的反击虽然来势凶猛,却没有目标。潜入水中的两艘潜艇被爆炸波震得左摇右晃,最后还是逃出了深水炸弹的袭击区。

当"鲦鱼"号潜艇艇长确认危险已经过去,命令潜艇浮出水面时,发现水面上只剩下一艘受伤的重巡洋舰,那就是半死不活的"高雄"号重巡洋舰,此刻正慢吞吞地返回文莱湾基地。

"鲦鱼"号潜艇跃跃欲试,准备把这个大家伙彻底干掉,却发现它的兄弟艇"海鲫"号潜艇触礁搁浅了,如果不立即去营救,露出水面的潜艇就会成为接踵而来的日本俯冲轰炸机的屠杀对象。

于是"鲦鱼"号潜艇赶去营救"海鲫"号潜艇上的全体艇员,随后又用鱼雷和火炮把"海鲫"号潜艇击沉。经过这样一番折腾,原先准备追击的"高雄"号重巡洋舰早已不见了踪影。

第三章 莱特岛"豪赌"

一场最终成为历史上规模最宏伟的海战开始了,美国人赢得了具有决定性意义的第一个回合的战斗。他们以一艘潜艇的代价,摧毁了日本3艘重巡洋舰,日军还暴露出其进攻主力。整个形势对日军的"捷1号作战计划"很不利。

还没进入预定战场,栗田健男就糊里糊涂地损失了3艘战舰,11艘重巡洋舰还剩下8艘。但他还必须硬着头皮往前闯,完成预定

日舰沉没前的情景

的作战任务。

当舰队遭到潜艇袭击时，联合舰队的丰田副武司令给栗田健男拍来一份电报，告诉他美国人可能已经掌握了日军集中全部力量的情报，同时命令他继续执行预定计划。

栗田健男心里非常清楚，他的舰队越接近莱特湾，遭到美国潜艇和飞机袭击的危险就越大。在与美国潜艇和飞机的斗争中，他不能指望得到多少空中支援。

为了给栗田健男制造突入莱特湾的有利条件，小泽治三郎指挥仅有的4艘航空母舰正在大北边实施佯动作战，以吸引美军强大的航空母舰舰队。严重受损的陆基航空兵力本来就不多，现在也被用去对付美国的航空母舰了。栗田健男只能依靠舰队自身的微弱防空、反潜力量，和强大的美军周旋，尽量减少损失了。

在进入锡布延海之前，栗田健男下令全舰队分成两个舰群，各摆成圆形阵列，一个以"大和"号超级战列舰为中心，另一个以"金刚"号战列舰为中心，两队相隔12海里，小心翼翼地驶向危机四伏的锡布延海。

早上6点20分，"海鲫"号潜艇发现日本舰队的情报已送达太平洋战区司令尼米兹和第3舰队司令哈尔西的手中。

坐在"新泽西"号战列舰指挥室海图桌前的哈尔西，看到这个情报后，敏锐地感觉到一场大战迫在眉睫。当时，麦凯恩率领的拥有航空母舰和战斗机数量最多的第38特混舰队第1大队，正在驶

第三章 莱特岛"豪赌"

"大和"号战超级战列舰前甲板上的6门460毫米主炮

回乌利西锚地的途中，该舰队奉命回去休整，补充给养和弹药。其他三个大队则分散在吕宋岛中部至萨马岛南部以东海面上。

哈尔西立即下令第1大队结束休整、立即返回参加作战，下令其他三个大队尽快向莱特岛东面入口的海域靠拢，以便集中力量，形成拳头，给栗田健男舰队造成致命一击。

很快，分布在菲律宾周围上千海里的上百艘军舰上的扩音器响起哈尔西通过高频无线电对讲机发出的作战号令："开始突击！再说一遍！开始突击！预祝你们成功！"

哈尔西虽然下令呈扇形展开的第38特混舰队开始突击正向锡布延海域开进的日本舰队，但他的心里很不踏实，他很不理解日本舰队在没有航空母舰伴随的情况下，竟然派出这么多水面舰艇前来应战。

不久，派出去的美军侦察机带回了新的情报：除了向锡布延海开进的日本舰队，在莱特岛南260海里处又发现了一支新的日本舰队。

美军飞机发现的"一支新的日本舰队"就是由"山城"号战列舰、"扶桑"号战列舰、"最上"号重巡洋舰及4艘驱逐舰组成的西村祥治分舰队。

这支南路部队按计划将从苏禄海穿过苏里高海峡杀向莱特湾。在它后面，还有从日本内海赶来的第2游击部队。

哈尔西走到海图面前，用手指在海图上点击了两下，嘴里嘟囔着："日本人企图对我方莱特湾部队进行钳形攻击，想得美！"但哈尔西知道了日军的企图，还是稍微松了一口气。

但对于迟迟不见的日本航空母舰，哈尔西还是很不放心。因为这些日军航空母舰才是可以与第3舰队相抗衡的力量。

而此时，小泽治三郎率领的4艘航空母舰和两艘战列舰正在距吕宋岛200海里的海面上缓缓行驶着。他们正等着被美国飞机发现，以诱使美军第3舰队离开莱特湾，前去追击它们。

小泽治三郎率领的几艘航空母舰的飞行甲板上差不多全是空的，因为大部分舰载机已调往菲律宾群岛，加入到陆基航空兵的队伍之中。与此同时，日本的陆基侦察机也正在菲律宾海域上忙碌着，他们企图从波涛汹涌的海面上寻找美国舰队的踪影。

碰巧的是，哈尔西一大早就派往北方海域巡逻的飞机没有飞得足够远，暂时还没有发现这股敌人。巡逻机的失误，反而帮了哈尔西的大忙，使小泽治三郎的诱敌诡计一时无法得逞。

美日双方都像已经嗅到猎物气味的虎豹似的，都在小心翼翼地寻找并接近对方，都企图发动致命一击。

24日上午9点，位于吕宋岛东北海域的美国特混舰队第3大队首先遭到空袭，他们被来自吕宋岛的日军侦察机发现了。

由谢尔曼指挥的第3特混舰队第3大队拥有4艘航空母舰（"埃塞克斯"号航空母舰、"列克星敦"号航空母舰、"兰利"号航空母舰、"普林斯顿"号航空母舰）、5艘快速战列舰（"华盛顿"号战列舰、"马萨诸塞"号战列舰、"印第安纳"号战列舰、"阿拉巴马"号战列舰和"南达科他"号战列舰）、4艘巡洋舰（"圣太菲"号轻巡洋舰、"伯明翰"号轻巡洋舰、"摩比尔"号轻巡洋舰、"雷诺"号轻巡洋舰）以及18艘驱逐舰，实力不可小视。

实际上，当天早些时候，美国人也已经从雷达屏幕上发现了日军侦察机的踪迹。

不久，他们又发现了3个从北面向这里接近的敌军机群。所以，当谢尔曼接到哈尔西的命令，要求他向莱特湾靠拢并对锡布延海的敌人发起攻击时，他没有机械地执行命令。

谢尔曼经过一番考虑后决定，将应付眼前的可能空袭放在第一位，让正在甲板上加挂炸弹和鱼雷的轰炸机、鱼雷机停止作业，给

"华盛顿"号战列舰

战斗机腾出跑道。当战斗机陆续起飞后,他指挥舰队驶进云雨区。

云雨区内大雨如注,又低又厚的云层和雨幕将谢尔曼的战舰严严实实地遮蔽了起来,日军飞机很难发现和攻击它。

于是,在大片低垂的云层之上,美日两军的战斗机在耀眼的阳光下展开了一场激战。

★曾经的"辉煌"

此次"出师不利"严重地打击了栗田健男本来就不太坚定的作战决心。栗田健男不是一个胆小怕死的人。在1942年10月的瓜岛之战中,他曾作为日本联合舰队第3战队的司令,奉命率领"金刚"号战列舰和"榛名"号战列舰乘着夜色潜入伦加湾,用密集的舰炮火力轰击瓜岛上的美军亨德森机场。

当时,栗田健男在接受任务时,清楚地知道此行要冒极大的风险,舰队安全返航的可能性极小。在临行前,他向联合舰队司令山本五十六提出要求,为全体舰上官兵配备机枪、步枪、手榴弹等陆战武器。栗田健男解释说:"此次作战要潜入敌人严密控制的水域,我军战队肯定会遭到敌军炮火和鱼雷的猛烈攻击,我不能让我的战队灰溜溜地逃跑。因此,一旦遭到敌人的毁灭性打击,我将指挥舰队冲向敌岸,让全体官兵参加地面战斗。"

后来,栗田健男率领两艘战列舰及6艘驱逐舰乘黄昏成功地溜进瓜岛近海海域,并用大口径主炮对准亨德森机场持续炮击了一个半小时，把814枚穿甲弹和104枚燃烧弹一股脑地倾泻到岛上，然后带着战队以29海里的时速从萨沃岛和图拉吉岛之间的海面从容溜走。

此后，栗田健男战队夜袭美军瓜岛亨德森机场，就作为战列舰作战的成功范例载入了日本海军的作战史册。

在这次出海前，栗田健男清楚地知道，搜索和袭击美军登陆运输船队本应是潜水艇部队和驱逐舰部队的任务，不应该交给他这支以战列舰和巡洋舰为主的主力舰队去完成任务。但联合舰队司令部偏要他这样做。

联合舰队司令部把栗田健男的这支舰队放在"死地"的位置上，而栗田健男也明白，他只有创造奇迹，才能"置之死地而后生"。

同时，栗田健男也与司令部的那些高参们一样，对虚无缥缈的战争奇迹抱着幻想。对用大炮轰击美国的登陆部队究竟有几分胜算，他自己根本没有仔细地想一想。

第四章

海上激战

★ 23日早晨,哈尔西将他的第38特混舰队在圣贝纳迪诺海峡东部展开,并命令各个大队开始搜索日军的舰队。

★ 24日一整天,锡布延海上空天气晴朗,天上的云朵在清风吹拂下,不断移动着。蓝色的大海上散布着一块块葱绿的热带小岛。从空中可以一眼望见庞大的舰群在海面上留下的航行尾迹。风景如画的景象虽然令美国飞行员心旷神怡,但是对缺乏空中掩护的栗田健男舰队来说这是一场灾难。

★ 这样一来,于1944年10月24日,在锡布延海域发生的这场"空对舰大战",最终以美国人的胜利而画上句号。

★ 斯普拉格是一位头脑冷静、性格直爽的军官。他知道目前自己唯一能做到的就是"引火烧身"——把敌舰吸引过来,让敌舰攻击自己,以延缓日本舰队对莱特湾的袭击。斯普拉格心想:自己多坚持一分钟,莱特湾内就多一分钟准备,为援兵的到来多争取一分钟时间,要拼一下了!

1. 激战锡布延海

美军的"海鲫"号潜艇在躲避中不小心触礁沉没。由于离莱特湾还有近两天的行程，日军不敢恋战，他们只好收了兵，调整队形继续前进。

栗田健男的舰队在对潜艇防御的恐惧中迎来了日出，天亮后，栗田健男下令将指挥部移至"大和"号超级战列舰。坐到这艘当时世界上最大的战列舰上，栗田健男的心里似乎才有了一点安全感。

白天平静地过去了，夕阳西下，夜幕开始降临。栗田健男默默地祷告，并命令舰队全速航行。

22日夜，哈尔西从"海鲫"号潜艇发回的电报中得知，不久将会有一支大的日军舰艇编队从北面向莱特岛登陆部队发动攻击。

23日早晨，哈尔西将他的第38特混舰队在圣贝纳迪诺海峡东部展开，并命令各个大队开始搜索日军的舰队。

在"新泽西"号战列舰上，美军第3舰队的官兵们正在焦急地等待着向日本战列舰发动空袭的命令。巡逻机在太平洋上空寻找失踪的日本航空母舰。

就在美国巡逻机全力搜寻日本航空母舰的时候，日本人发现了哈尔西舰队最北端的舰只。上午9点后不久，谢尔曼所率领的第3

第四章　海上激战

　　特混舰队第3分队遭到了从吕宋岛机场飞来的日本飞机猛烈地袭击，这是日军发动的第一轮攻击。

　　此时，第3特混大队因其大部分战斗机都已出动，有的在西部海域执行搜索战斗任务，有的在袭击马尼拉的地面目标，参加舰队防空作战的战斗机数量并不多。

　　但是，美国的飞行员们个个身经百战，拥有丰富的实战经验。再加上此时美军的舰载机性能已经优于日军飞机，面对数量上占优势的日本飞机，他们并不害怕，还被激发起了以少胜多的欲望。

　　来袭的飞机是日军驻台湾岛的第2航空舰队（即第6基地航空

"大和"号超级战列舰

部队）派出的。他们的飞行员已经不是偷袭珍珠港那时的精兵强将了。在珊瑚海、中途岛、瓜岛、马里亚纳等几次海空大交锋中，技术精湛、经验丰富的日本飞行员非死即伤。现在驾驶飞机的日军飞行员大都是没有什么飞行经验的毛头小伙子，在实战中有勇无谋，不堪一击。

当仅由数架美军飞机组成的飞行编队从云端突入庞大的日军机群时，日本飞行员们反倒吓得惊慌失措，就连负责掩护轰炸机和鱼雷机的战斗机，也只求自保，忘了自己的职责。

很快，70余架日本飞机相继被打了下来，一个个拖着浓烟扎进大海。这是美国舰载机飞行员自开战以来，在空战中击落日本飞机

"普林斯顿"号轻型航空母舰

数量最多的一次。

9点39分，美军雷达屏显示：距己方50海里之内已经没有日本飞机。于是，谢尔曼下令各舰从云雨区内驶出，并令航空母舰逆风前进，让已经耗尽弹药和汽油的战斗机安全降落下来。

就在这时，意想不到的事情发生了。一架日本飞机从一块低云中突然蹿了出来，径直向"普林斯顿"号轻型航空母舰冲过去。

美军军舰上的防空火炮急忙对空中开火，但这架飞机还是冲过密集的火网，向飞行甲板投下了一颗250公斤的炸弹。接着，这架飞机被从"兰利"号航空母舰起飞的战斗机击落，这架日本飞机拖着浓烟一头扎进大海。

正在"埃塞克斯"号航空母舰上指挥战斗的谢尔曼对"普林斯顿"号航空母舰所遭受的损伤，刚开始并没有太在意。他认为"普林斯顿"号航空母舰是一艘生命力很强的新型战舰，一颗250公斤的炸弹算不了什么，不会给它造成多大损害。

可是，事态的发展很快就让谢尔曼紧张起来。"普林斯顿"号航空母舰的机库甲板着火了，舰舷的小孔中冒出团团火苗和浓烟。而战斗机正在从这个甲板上起飞去参加空中战斗，还有6架鱼雷轰炸机刚好停放在甲板上。

"普林斯顿"号航空母舰上的大火越烧越旺，就像大海上突然迸发的一座活火山似的。为了不影响下一步的作战行动，在救出"普林斯顿"号航空母舰船员后，特混舰队司令米彻尔忍痛下令将

"普林斯顿"号航空母舰击沉。

天黑时，美军"雷诺"号巡洋舰瞄准"普林斯顿"号航空母舰发射了2条鱼雷，帮助这个烧得变了形的庞然大物尽早结束了痛苦的挣扎。

中国有句老话："失之东隅，收之桑榆。"意思是说在某一方面的损失，可以从其他方面得到弥补。用这话来形容莱特湾海战中的美军非常合适。

当"普林斯顿"号航空母舰上的水兵们忙着救火的时候，美军特混舰队第2大队的两批共85架飞机、第3大队的40架飞机正开足马力，饿虎扑食似地飞向从锡布延海驶来的栗田健男舰队。

锡布延海位于民都洛岛和吕宋岛之间，这里岛屿众多，航道狭窄。

24日一整天，锡布延海上空天气晴朗，天上的云朵在清风吹拂下，不断移动着。蓝色的大海上散布着一块块葱绿的热带小岛。从空中可以一眼望见庞大的舰群在海面上留下的航行尾迹。风景如画的景象虽然令美国飞行员心旷神怡，但是对缺乏空中掩护的栗田健男舰队来说这是一场灾难。

为了尽快到达莱特湾，栗田健男正硬着头皮下令整个舰队以18海里/小时的速度尽快通过这段危险的航道。

24日上午10点28分，特混舰队第2大队第一批起飞的45架飞机，其中包括21架战斗机、12架俯冲轰炸机、12架鱼雷轰炸机，首先向"大和"号超级战列舰和"武藏"号超级战列舰等发起了攻击,从而拉开了"空对舰大战"5个回合的序幕。

此时日军的"大和"号超级战列舰上的栗田健男真是万般无奈。空中,已经没有日军巡视的飞机,他的舰队只能靠自身的高射机枪和高射炮来保护自己。

排水量达65000吨的超级战列舰"大和"号超级战列舰和"武藏"号超级战列舰虽然有460毫米口径的巨炮9门,其他类型的火炮143门。此时却派不上用场,它们有劲使不出来。

不过,让栗田健男感到庆幸的是"大和"号超级战列舰和"武藏"号超级战列舰这两艘巨舰上都披挂着厚厚的铠甲,舷部装甲的

日本"武藏"号超级战列舰

厚度达到410毫米。护卫它们的每艘巡洋舰和驱逐舰上也有百余门高射火炮。此时，林立的炮管就如同发怒的刺猬一样，以90°的仰角指向天空，用炮弹编织出一张张密集的防空火力网。

美军轰炸机不顾猛烈的对空炮火，从高空俯冲下来，发动了一次次攻击。

这次攻击持续了18分钟。大部分命中的弹片被"大和"号超级战列舰和"武藏"号超级战列舰厚厚的装甲弹到了海里。

美国飞机的两颗炸弹和一颗鱼雷击中了"武藏"号超级战列舰巨大的前舱壁，使其一门主炮的方向盘不能转动。但"武藏"号超级战列舰只是摇晃了几下，又继续破浪前进。

在"武藏"号超级战列舰一侧护航的"妙高"号重巡洋舰就没有那么幸运了。它在躲过两条鱼雷的袭击后，美军发射的第3条鱼雷击中了它，很快它的右舷后部的电机舱、轮机舱都灌满了水，航速顿时慢了下来，摇摇晃晃地退出阵列，以15海里/小时的速度调头返回文莱湾。

中午12点06分，美军第2大队的第二批31架轰炸机发动了第2轮攻击。此次攻击持续了9分钟。

一大早就因警报取消了早饭的日本水兵，此刻已是又累又饿，连饭团子也来不及塞进嘴里，又挣扎着爬进炮塔，开始了对空射击。这一次，美国人把攻击的目标对准了"武藏"号超级战列舰和"大和"号超级战列舰。

第四章　海上激战

美军飞机冒着猛烈的炮火实施俯冲轰炸，直到把全部鱼雷和炸弹丢光才离开战场。战斗中，"大和"号超级战列舰艰难地把所有投向自己的炸弹和鱼雷都躲了过去，仅有两颗炸弹落在战舰附近，没有给"大和"号超级战列舰造成太大伤害。

"武藏"号超级战列舰的左舷则中了几条鱼雷和几颗炸弹，其中一颗炸弹炸开了前甲板，鱼雷炸破了舰舷。另一颗炸弹从炸开的甲板穿透进去，在底舱爆炸。爆炸后引起的火灾导致两个锅炉舱和一个轮机舱停止工作，通风管被堵塞，破裂的蒸汽管喷出大量蒸气。因一部主机再无法继续提供动力，军舰航速渐渐地减慢，被迫脱离大队。

日军还没来得及松一口气，美军44架飞机又开始了第3次攻击。这次发生在13点30分，攻击时间长达30分钟。

此次，43架美军轰炸机中的半数飞机把瞄准镜对准了"武藏"号超级战列舰庞大的身躯。只见一颗又一颗炸弹被"武藏"号超级战列舰的甲板弹了出去，有10多颗炸弹在舰舷近处爆炸，顿时掀起百余尺高的水柱，把整个战舰笼罩起来。可当水柱消失之后，那战列舰黑黝黝的小山一样的身躯又耸立在海面上。

然而，"武藏"号超级战列舰没有坚持多久。美国飞机的5条鱼雷击中该舰右舷舰首，另有几颗炸弹也击中舰身，巨大的爆炸把舰首外钢板撕裂并翻卷起来，海水大量涌入，舰首越来越低，航速降至12海里。

栗田健男眼见"武藏"号超级战列舰陷入了行动不便的困境之中，命令旗舰发信号询问"武藏"号超级战列舰的情况。"武藏"号超级战列舰舰长猪口敏平回答说："放心，可以保持22海里/小时的航速。"

于是，栗田健男下令整个舰队的编队航速降为22海里/小时，同时向菲律宾基地航空队发出急电："我军舰队正在锡布延海苦战，预计敌军空袭将更加激烈。请求迅速向可能位于拉蒙湾方向的敌人航空母舰发起积极进攻。"

应当说，这个措辞谨慎的电报隐藏着栗田健男及属下官兵的极度不满，激烈的战斗已经进行了3个多小时，日本陆基航空兵却始终不见踪影。

在美军第3次空袭中，"大和"号超级战列舰被一颗炸弹和几颗近爆弹炸伤起火，所幸伤势不重。距它不远的"矢矧"号轻巡洋舰伤势较重，舰首被炸弯曲，海水从几个破裂处涌入，舰体前倾，航速减慢。

从美军飞机的第1攻击到第3次攻击，"武藏"号超级战列舰已经身中9枚鱼雷和7颗炸弹。此时，"武藏"号超级战列舰的航速再次从22海里/小时下降至20海里/小时，并从第一阵列中掉队，单独行驶在第2阵列之前。

迫于无奈，栗田健男使出了"非到万分紧急的关键时刻不能使用"的秘密武器：下令战列舰给主炮通通装上特制的"三式对空

第四章 海上激战

弹"，进行两败俱伤的射击。这种"三式对空弹"是日本海军专门为"大和"号超级战列舰和"武藏"号超级战列舰等研制的对空霰弹，以加强其防空能力。

"三式对空弹"实际上是一种子母弹，一发炮弹内装6000多个小钢珠，用来摧毁低空俯冲的飞机十分有效，就像用火枪在近距离上打兔子一样。但对高空轰炸作用有限，而且不能轻易使用，因为它也会震坏主炮炮管。

日本"三式对空弹"

14点30分，32架美军飞机发动了他们的第4次攻击。这次攻击进行了15分钟。

"武藏"号超级战列舰的宝塔形塔台被炸弹破坏得面目皆非，航速又降到了12节，再也无法跟上前进的队列。

半个小时后，栗田健男不得不允许"武藏"号超级战列舰退出战列，由"清霜"号驱逐舰和"滨风"号驱逐舰相伴蹒跚前行。

14点59分，美军的第5次空袭又开始了。

★美国"伯明翰"号轻巡洋舰沉没

10点20分，"普林斯顿"号航空母舰上传来了强烈的爆炸声，爆炸所引起的烟柱在空中升起，高达几十米。"普林斯顿"号航空母舰的飞机库甲板上的鱼雷爆炸了，飞行甲板被炸出一个大洞，火龙在装着汽油、弹药和鱼雷的飞机中间蹿来蹿去。

由于"普林斯顿"号航空母舰的情况危险，谢尔曼命令它退出作战阵列，全力扑救大火。"伯明翰"号轻巡洋舰和"雷诺"号轻巡洋舰，"马里森"号驱逐舰、"欧文"号驱逐舰和"杨格"号驱逐舰匆匆赶到它的身边，保护它免受敌机空袭，并用舰上的消防设备帮助它灭火。

其中，"伯明翰"号轻巡洋舰为了救火，紧靠在"普林斯顿"号航空母舰火光熊熊的左舷旁，两舰相距仅十几米，援救人员在两舰之间还系上了一条钢缆。很多水兵奔到甲板上，冒着炙人的热

第四章 海上激战

"普林斯顿"号航空母舰发生大爆炸

浪，用水龙头把水喷到熊熊的烈火上。眼看"普林斯顿"号航空母舰的明火就要被控制了，但让大家没有想到的是隐蔽的暗火蔓延到了舰尾的弹药库。

14点45分，"普林斯顿"号航空母舰突然一声巨响。猛烈的爆炸把舰尾和后部飞行甲板完全炸毁。房子般大小的钢板被掀起来，把甲板上的碎钢片、炮管、炮弹、钢盔如同雨点般地打在近在咫尺的"伯明翰"号轻巡洋舰的舰桥和甲板上，致使该舰上的200多名水兵当场死亡，有400多人负伤，包括舰长在内。

这一次爆炸中，连准备接任舰长职务的霍普金斯也身负重伤，右脚只有几根肌腱与腿部相连。幸亏一位军医用随身携带的刀割下他的脚，并在伤口上洒上消炎粉，又注射了止疼的吗啡，才使他减少了一些痛苦。

此后不久，"伯明翰"号轻巡洋舰舰长被迫下令弃舰。比"伯明翰"号轻巡洋舰大得多的"普林斯顿"号航空母舰则继续漂浮在海面上。

2. 固执的西村祥治

栗田健男在这漫长的一天饱受煎熬。他盼望有飞机赶来掩护，可惜事与愿违。日军"大和"号超级战列舰在美国飞机的第4次空袭中再度中弹。在这次战争中，较旧的"长门"号战列舰也受伤。

15点，栗田健男下令"武藏"号超级战列舰退出战斗，可是太迟了。就在"武藏"号超级战列舰转身准备逃跑的时候，美国飞机发动了当日最后一次，也是最猛烈的攻击。"武藏"号超级战列舰避无可避，15分钟后就遭到了致命打击。

这次，美军的第2大队出动了67架舰载机，连续实施了30分钟的猛烈攻击。

在这次攻击中，美军重创了"长门"号战列舰，使其速度下降到23节，4门副炮不能使用。

美军飞机死死咬住落单的"武藏"号超级战列舰不放，它们不顾一切冲破桃红色和紫红色的高射炮火烟雾，将鱼雷和炸弹扔向舰体已严重倾斜的"武藏"号超级战列舰。没过多久，该战列舰在炸弹激起的大水幕中消失了。

当第17颗炸弹和第20条鱼雷击中这个庞然大物时，浓烟和烈火冲天而起，舰首往下倾斜沉入水中，海浪涌上前甲板，船头越来越低，4个轮机室有3个已经进水，只有一台柴油机勉强维持运转。

"武藏"号超级战列舰以6海里的时速慢慢向前蠕动着。它的舰首已没入水中，舰身向左严重倾侧。

栗田健男从无线电中得知"武藏"号超级战列舰的情形，知道它再也无法返回港口。于是命令"武藏"号超级战列舰向距离最近的岛屿抢滩，企图使它变成一座陆上炮台。可是，舰长猪口敏平已无法执行这道命令了。

由于"武藏"号超级战列舰舰体向左严重倾斜，为了保持舰体平衡，舰上的人们把能够搬动的东西都搬到了右舷甲板，全体能走动的船员也被集中到右舷，最后又把用毛毯裹着的大量日兵尸体也堆放在右舷一角。

受命站在甲板上的水兵们痴痴地望着斑驳血红的海面，心里的酸楚与痛苦油然而生。夕阳西下，殷红的余晖落在遥远的水平线上，人堆里还不时传来一阵阵低沉的撕心裂肺的哭泣声。

被鱼雷击中的"武藏"号超级战列舰发生爆炸，即将沉没

第四章 海上激战

18点50分,"武藏"号超级战列舰的舰首完全沉入海水中,只有前部的两座炮塔还像山尖似的浮在水面上,所有的机械完全停止了工作。猪口敏平把主要军官集合起来,对他们讲:"感谢诸君之奋斗,望各位好自为之,善始善终。"

猪口敏平委托副舰长向联合舰队司令发出诀别电报,并代他向天皇转呈他的"谢罪书"。这位大舰巨炮主义的狂热信奉者,在最后一刻,痛苦的承认自己大错特错了。

19点35分,这艘长达244米、基准排水量6.5万吨的世界超级战列舰终于朝左边迅速翻转,沉入长满海藻的水底。可能由于翻滚时炮弹碰撞引起了爆炸,水中传来一声巨响,炽热的火柱冲天而起。

另外,随同"武藏"号超级战列舰沉入海底的,还有1000多名来不及逃生的水兵以及孤身一人留在舰桥上的猪口敏平。

面对着接二连三的失败,栗田健男开始决定硬着头皮改变战术。

几天来,日本的整个舰队就像被恶魔缠上似的,先是"爱宕"号重巡洋舰和"摩耶"号重巡洋舰被鱼雷击沉,"高雄"号重巡洋舰遭受重创,接下来是"武藏"号超级战列舰倾覆,"妙高"号重巡洋舰和4艘驱逐舰受伤。

栗田健男的舰队此时离莱特湾较远,舰队受到如此严重的损失,以后舰队的命运会怎么样更是未知数,栗田健男也认为肯定会比现在更糟糕。况且，官兵们为应付美军的连续空袭，自上午到现在还没有吃过一口饭，他们早已饥肠辘辘，疲惫不堪。

最令栗田健男不安的是，日军联合舰队司令部发来电报说，美军可能在圣贝纳迪诺海峡埋伏了潜艇。现在，他不仅要提防美军随时可能从天而降的第6次、第7次空袭，更要防止潜水艇的鱼雷攻击。

栗田健男手中原有19艘对付潜水艇的驱逐舰，现在只剩下11艘了。其中的4艘用来掩护受伤的"高雄"号重巡洋舰返航和护卫即将沉没的"武藏"号超级战列舰，还有4艘在作战中受了伤。让这11艘驱逐舰保护整个疲惫不堪的舰队，这是一件很危险的事情。

随着舰队越来越接近锡布延海东面狭窄的海域，栗田健男的神经也变得越来越紧张。因为这里正是美军潜艇大逞威风的地方。为躲避美军潜艇，栗田健男下令整个舰队做曲线航行，并命令驱逐舰随时准备向可疑目标投掷深水炸弹。

15点30分，栗田健男再一次习惯性地举起望远镜，向白浪滔天的海面望去，然后又摇了摇头，放下了望远镜，自言自语道："要想凭肉眼发现水面上的小小潜望镜或鱼雷航迹实在是异想天开了。"他长叹了一口气，咬了咬牙，下令整个舰队"向西撤退"。

而付出重大伤亡和损失的栗田健男舰队是否就这样撤退了？栗田健男真的甘心认输了吗？这些问题在随后栗田健男向联合舰队司令部发出的电报中泄漏了秘密。

第四章 海上激战

这份电报上说:"从上午6点30分到15点30分,我军舰队连续5次遭受敌军舰载机的袭击,敌机袭击的频率和架次不断增加,我军损失甚大。在此种情况下,我方如果继续强行前进,损失将不可估量,也很难如愿突入目标地。因此,决定暂时撤退到敌军空袭圈之外,等待友军得手后再图进击。"

在美军先后5次的攻击中,他们共出动飞机259架次,击沉了日本"武藏"号超级战列舰、"妙高"号重巡洋舰。除此之外,"大和"号超级战列舰也中了几颗炸弹,"长门"号战列舰被3颗炸弹击中,锅炉舱受损,速度降至20海里,多门副炮不能使用。受伤

日本"妙高"号重巡洋舰

的还有"矢矧"号轻巡洋舰、"滨风"号驱逐舰、"利根"号轻巡洋舰和"清霜"号驱逐舰。而美军仅损失飞机18架。

这样一来，于1944年10月24日，在锡布延海海域发生的这场"空对舰大战"，最终以美国人的胜利而画上句号。

16点40分，哈尔西接连收到两条情报。

一条消息是空中跟踪栗田健男舰队的美国飞机发回的，这些跟踪日军的美国飞机称："敌军舰队正在向西撤退。"

另一条消息是在吕宋岛以东美国巡逻机发出的，他们说："发现日本航空母舰编队。"

知道这两条消息后，性格开朗、热情爽朗海军将领哈尔西高兴得直拍大腿。他一直把日本航空母舰舰队看成是美军的最大威胁，将其确定为第3舰队的首要打击目标。刚才他还一直在担心日本的航空母舰部队会在哪里出现，如何布置应急措施。

现在，哈尔西知道这股敌人的准确位置了，而恰恰这边的日本舰队又逃跑了，他马上就可以率领全部兵力去突击日本航空母舰了。对此，哈尔西感到特别开心。

至于掩护麦克阿瑟所指挥的莱特岛登陆部队，哈尔西则认为有金凯德的第7舰队就足够了。因为栗田健男舰队已经受到严重创伤，并正在返航西撤，他认为其他的日本海军力量除了进行一些有限的袭扰外，没有多大的作为。

于是，20点，哈尔西走进海图室，指着海图上日本航空母舰编队的位置下令:"这里,就是我们要去的地方,命令全舰队马上北上!"

随后,哈尔西又打电报给第 7 舰队司令金凯德,他简要地告诉金凯德自己将率 3 个特混大队北进,并打算于 25 日拂晓对敌人的航空母舰编队发动猛烈攻击。

但是,此时此刻,他根本就不知道自己于 15 点 13 分发出的一份电报使远在珍珠港太平洋海军司令部的尼米兹和莱特湾的金凯德都产生了误会。

于是,真正令美军将领们万万想不到的事情到来了。几个小时前才损失惨重、已经调头西撤的栗田健男舰队又重新调头,再次向圣贝纳迪诺海峡挺进,给美军来了一个回马枪。

随即,战场上便出现了戏剧性的一幕。哈尔西率领第 3 舰队杀气腾腾地扑向充当诱饵的小泽治三郎航空母舰编队。而在哈尔西背后的栗田健男舰队和西村祥治、志摩清英舰队却从南、北两个方向对莱特湾的美军登陆部队和第 7 舰队发起了进攻。

日本海军的几支舰队虽然都存在这样或那样的问题,但最令人感到奇怪的是,联合舰队司令部对散布在东西 600 海里、南北 2000 海里战场上的 4 支舰队,竟然没有指定一人对全局协调战场作战负责。

日军联合司令部对志摩清英舰队、栗田健男舰队和西村祥治舰队,也没有要求制订任何具体的协同作战计划。这些在很多人看来都是成为大问题的事情，这会加剧战场的混乱。

此刻，由西村祥治指挥的两艘旧式战列舰"扶桑"号战列舰和"山城"号战列舰、"最上"号重巡洋舰及4艘驱逐舰正经由苏禄海和保和海驶往苏里高海峡。在西村祥治后面30公里，志摩清英率领的另一支由3艘巡洋舰和4艘驱逐舰组成的舰队也驶出了澎湖群岛的马公港，开足马力向苏里高海峡驶来。

西村祥治指挥的"扶桑"号战列舰和"山城"号战列舰都是有着30年舰龄的军舰，航速低，防御能力差。除了360毫米口径的主炮外，浑身上下没有多少值得称道的地方，太平洋战争爆发以来

"扶桑"号战列舰

它一直停泊在濑户内海充当水兵训练舰。但在这次海战中，由于日本海军力量被严重削弱，这种"古董"也不得不被联合舰队司令部拿出来做最后一拼的资本。

栗田健男为了不影响整个舰队的速度，将这两艘战列舰单独编队，由西村祥治指挥，沿着另一条航路进攻莱特湾。

而西村祥治也并不糊涂，他很清楚自己的命运。因为即使这支力量薄弱的舰队能够如愿以偿突入莱特湾，把舰上的炮弹打完了也就完成了他的任务。但如果指望这几艘老牛破车似的战舰成功地逃脱美国飞机和快速战列舰的追击或全身而退，这无异于痴人说梦。

即使如此，西村祥治还是接受了这个自杀式的作战任务，在西村祥治心里，他已经把这当成自己的必然归宿。

不久前，西村祥治最喜爱的儿子——海军上尉西村祥治祯治在菲律宾战死。听到这个消息后，西村祥治悲痛欲绝，他似乎从古代武士"切腹自杀"的传统中找到了结束自己人生的特殊方式。于是，在林加延湾的训练中，他根本就没有重视官兵的实战演练，而是拼命向手下人灌输"玉碎报国，决死一战"的思想。

令人感到意外的是，取道棉兰老岛海域向莱特湾进发的西村祥治舰队，在抵达苏里高海峡之前，竟然一路上没有遭到美军的袭击。

10月24日上午9点，一架美军侦察机发现西村祥治舰队。当时这两艘战列舰正并驾齐驱着前行，4艘驱逐舰则在前面和左右担任护卫,"最上"号重巡洋舰殿后。20多架美军飞机马上被侦察机召唤而来。这次袭击只是炸坏了"扶桑"号战列舰上的飞机弹射器和两架舰载侦察机,"最上"号重巡洋舰和"时雨"号驱逐舰遭到美军机枪扫射,造成8名水兵伤亡。

本来西村祥治已经做好了被美军空袭的准备了。谁知道哈尔西根本就没有把这支不起眼的小舰队放在眼里,而是集中精力攻击位于锡布延海的栗田健男舰队,此后再也没有向保和海和苏禄海海域派出突击机群。这使得西村祥治舰队得以提前3个小时抵达棉兰老岛海域的入口处。

这时,原计划与西村祥治同时抵达的栗田健男舰队,还在遥远的海面上,在美国飞机的猛烈空袭中苦苦挣扎。

24日6点50分,从"最上"号重巡洋舰上起飞的侦察机发回情报:"莱特湾南部水面有敌人战列舰4艘、巡洋舰2艘,登陆点海岸有敌军运输船80艘;苏里高海峡有敌军驱逐舰4艘、鱼雷艇若干;莱特岛东南40海里处有敌军航空母舰12艘、驱逐舰10艘。"

虽然西村祥治知道莱特湾内的美军兵力远远大于自己的兵力,但是他仍固执地决定在25日4点孤军突入莱特湾,并向上司栗田健男报告他的决定。

栗田健男得到西村祥治的报告后,曾回电要求西村祥治于25日上午9点在莱特湾外侧的斯里安岛东北10海里处与自己会合。但西村祥治是否收到了这个电报,不得而知。因为西村祥治后来并

航行中的栗田健男舰队

没有按照栗田健男的指示办事。而且，后来整个西村祥治舰队几乎全军覆没，当时的情形更是无人知晓。

于是，在实际中发生的事情是：西村祥治没有改变"4点突入莱特湾"的决心，在25日3点20分仍然下达了准备突击的命令并带领所有战舰突袭进入了苏里高海峡。

★让人误解的电报

当时哈尔西发电报给第3舰队各指挥官："准备用4艘战列舰、4艘重巡洋舰、14艘驱逐舰组成第34特混舰队，并由李指挥。"

尼米兹收到了这份电报。他心里十分清楚哈尔西这样做的目的是为了率领主力向北追击，寻歼日本人的航空母舰舰队。好战的哈尔西一心想找到日本的航空母舰编队，用铺天盖地的炸弹把它打发到海底去。事实上，大家都知道哈尔西的想法。

尼米兹是一个不愿意干涉战场指挥官行动的人，他不想扫哈尔西的兴。尼米兹知道哈尔西的牛脾气，他除了同意哈尔西去攻追击海军最担心的敌人外，别无选择。同时，尼米兹也以为哈尔西已经给莱特湾留下了一支实力可观的水面舰艇作战部队——第34特混舰队。鉴于第3舰队旗舰"新泽西"号战列舰也在第34特混舰队的名单之中，哈尔西本人也将留在莱特湾附近，那么守卫圣贝纳迪诺海峡应该说没有太大的问题。

同样，金凯德也收到了哈尔西的这份电报。金凯德得知有一支颇具实力的水面舰艇部队准备对付栗田健男舰队，顿时松了一口气。因为这样一来，金凯德只需把全部精力放在苏里高海峡方向就行了。

哈尔西关于"全舰队北上"的决定和电告金凯德时的疏漏，不仅使曾布下天罗地网的圣贝纳迪诺海峡陷入相当空虚的状态，还造成了尼米兹和金凯德两个人对他的误解。

尼米兹和金凯德都没有想到，随着整个第3舰队北上，这项"战斗计划"中作为应急措施的"第34特混舰队"，竟成了哈尔西的一纸空文，成了停留在口头上的番号。

而金凯德以为真有一支第34特混舰队"留守"在圣贝纳迪诺海峡，他决定把大部分战列舰和巡洋舰都派去封锁南边的苏里高海峡，致使莱特湾大门洞开。

这样，就只剩下金凯德第7舰队的几艘薄壳护航航空母舰在这一海域支援登陆部队作战。

3. 夜战苏里高海峡

日军西村祥治舰队和志摩清英舰队从南路进攻莱特湾的战斗被称为"苏里高海峡海战"。

美国第7舰队司令金凯德早就判断日本有一支舰队要从苏里高海峡突袭进入莱特湾，因此，他派奥登多夫率领6艘战列舰、4艘重巡洋舰、4艘轻巡洋舰、28艘驱逐舰及39艘鱼雷艇严密防守这条水道。

由于这些战列舰都是日军偷袭珍珠港时被击沉，后来又打捞上来的"老古董"，而且火炮又缺少穿甲弹，奥登多夫决定用鱼雷攻击和近距离炮战歼灭敌人。

奥登多夫设置了三道防线：第一道防线由39艘鱼雷快艇组成。它们每三艘编成一组，隐蔽在海峡南口的岛屿附近，准备向突袭进入海峡的敌军发起第一波攻击。第二道防线由20余艘驱逐舰组成。

最后一道防线由6艘战列舰和8艘巡洋舰组成。

以上这三道防线将13海里宽的海峡堵得严严实实的。

由美军"里米"号驱逐舰率领的第54驱逐舰中队分开波光粼粼的海浪,迅速接近日本舰队,准备发射鱼雷。菲亚拉中校在"里米"号驱逐舰上向全体舰员广播:"大家注意,我是舰长。日本舰队要阻止我军登陆莱特岛,我舰奉命实施鱼雷攻击。我们一定要截住日本舰队。愿上帝保佑我们。"

几乎在美国驱逐舰发射鱼雷的同时,日本军舰迅速地打开了探照灯,把美军的驱逐舰锁定在明亮的光束之内。可是,由于双方相距太近,战列舰的前、后主炮都不能发挥作用,在混战中战列舰和巡洋舰反倒吃了亏。

几分钟后,又一支驱逐舰中队赶来参战,美国人发射的鱼雷终于发挥了作用。行驶在最前面的三艘日本驱逐舰被击中,其中一艘迅速沉没。紧接着,西村祥治乘坐的"山城"号战列舰被两颗鱼雷击中,航速减至5海里/小时,但西村祥治仍然驱使它继续前进。已经受伤的"扶桑"号战列舰、"最上"号重巡洋舰和"时雨"号驱逐舰,跟在"山城"号战列舰后面。

25日凌晨3点40分,"山城"号战列舰的3座炮塔被击毁,上层建筑很快就被烧成一片废墟。西村祥治知道自己的末日到了,于是他在舰上发出了最后一道命令:"我舰遭受袭击,各舰不要管我,继续前进,攻击敌人。"

当"扶桑"号战列舰、"最上"号重巡洋舰和"时雨"号驱逐舰拖着伤痕累累的躯体抵达苏里高海峡的时候,他们吃惊地发现:美军舰队用14艘战列舰和巡洋舰迎面排成了一个弧形,美国军舰一个个巨大的炮口正对准他们。

很快,406毫米、356毫米、208毫米口径炮弹从前面、左面、右面如闪电一般飞了过来,一下子落在了刚刚撞进火网的"扶桑"号战列舰的甲板上。

凌晨4点20分,烈焰冲天的"扶桑"号战列舰从苏里高海峡的水面消失了。"最上"号重巡洋舰仍勉强飘浮在海面上,可是船上到处燃起烈焰,它几乎完全失去了机动能力。

这时,西村祥治的整个舰队就只剩下了"时雨"号驱逐舰。"时雨"号驱逐舰虽然中了几发炮弹,但由于舰身轻小,机动灵活,总算逃离了战场,几天后跟跟跄跄地返回文莱湾。

这场战斗虽然只持续了18分钟,但它是海战史上最后一次战列舰与战列舰在如此近的距离进行夜战。这一仗让美国战列舰的上水兵们痛痛快快地过了一把瘾,报了昔日珍珠港的一箭之仇。

当初,奥登多夫手下的6艘战列舰中,"马里兰"号战列舰、"西弗吉尼亚"号战列舰、"宾夕法尼亚"号战列舰、"加利福尼亚"号战列舰和"田纳西"号战列舰都是在珍珠港之战中遭受重创而沉入海底的战列舰。如今,它们被打捞出水,洗去淤泥,铲掉锈迹,刷上油漆,其中"西弗尼吉亚"号战列舰、"加利福尼亚"号战列

奥登多夫

舰和"田纳西"号战列舰还装备了最新型的MK-8型火控雷达。

由雷达操控的舰炮将300多发406毫米和356毫米炮弹、4000余发208毫米和152毫米炮弹倾泻在西村祥治舰队身上。

"这是我有生以来看到过的最美丽的画面。在黑暗中，曳光弹划着弧线一闪而过，接着看到了远处的火光，继之听到了爆炸声，一艘敌舰被击中了。"一位美国舰长在描述当时的情景时这样说道。

身在"路易斯维尔"号重巡洋舰上的奥登多夫后来回忆说："我记得确实有一二发炮弹向我的旗舰打过来，但在那个时候，我太兴奋了，竟然忘了看一下炮弹落在什么地方。"

但是，黑夜中的搏斗不可避免地也会造成一些误伤。这一次倒霉的是美国"艾尔伯特格兰特"号驱逐舰。

黑暗中,"艾尔伯特格兰特"号驱逐舰被美军"丹佛"号轻巡洋舰上的雷达误认为日本"时雨"号驱逐舰。于是,先后发 11 枚炮弹击中了它。与此同时,日本舰队也朝"艾尔伯特格兰特"号驱逐舰开炮。

在敌舰和友舰的夹击下,"艾尔伯特格兰特"号驱逐舰中弹 19 发,有 34 名海军官兵死亡,整个军舰被打成一堆废铁。

后来,为了不再误伤自己人,奥登多夫不得不下令战列舰和巡洋舰停止炮击,让驱逐舰群冲上去最后结束战斗。

而就在西村祥治舰队几乎全军覆没后不到一个小时,又一支日本舰队一头撞进苏里高海峡。它们就是由志摩清英率领的第 2 游击部队。

如果说,西村祥治是有意识地将这次行动当成一场自我解脱的"切腹作战",那么,紧随西村祥治舰队之后突入苏里高海峡的志摩清英,则是一个因不满而没有冷静思考、到战斗打起来还搞不清自己应当干什么的悲剧角色。

志摩清英率领的是第 2 游击部队。从编制序列上看,它既不属于栗田健男舰队,也不属于小泽治三郎舰队。在 8 月份以前,他们属于司令部在千岁的东北方面舰队,当时被称为第 5 舰队,而到了 10 月 21 日中午,联合舰队司令部参谋长的一纸电令,解除了这支部队与东北方面舰队的隶属关系,改称为第 2 游击部队,并把这支力量薄弱的海军派上战场。

至于到莱特湾去做什么,志摩清英是在颠簸不定的航行途中,才从联合舰队的电报中得知栗田健男和西村祥治的作战企图。

就这样,无论从指挥系统来说,还是从资历方面来讲,志摩清英都不会接受西村祥治的指挥。而西村祥治方面则认为,自己既然是向苏里高海峡突击的主力,自然也不会接受中途加入的志摩清英的命令。

于是,日军在同一战场同时使用这样编制的两支部队,而且这两支部队又没有被任命担任的统一指挥司令,这是大本营作战指挥混乱的典型一例。

在这种情况下,西村祥治舰队单枪匹马地前进了,在西村祥治舰队突进后约1小时,志摩清英舰队也擅自决定开始向苏里高海峡进击。

24日晚22点左右,志摩清英截收到栗田健男司令发给西村祥治定于25日上午9点在斯里安岛东北10海里处会师的电令,他为了赶上栗田健男命令中规定的时间,提高了航速。志摩清英计划在凌晨4点许突袭进入苏里高海峡,因此,他的舰队恰好闯入了西村祥治舰队全军覆没的海战战场。

志摩清英的舰队由"那智"号重巡洋舰和"足柄"号重巡洋舰、"阿武隈"号轻巡洋舰以及4艘驱逐舰"曙"号驱逐舰、"潮"号驱逐舰、"霞"号驱逐舰和"不知火"号驱逐舰组成。

本来,他们应当在班乃岛以西海域与从马尼拉出发的日本第21

驱逐舰大队的"若叶"号驱逐舰、"初霜"号驱逐舰和"初春"号驱逐舰会合，共同奔赴战场。可这3艘驱逐舰刚刚行驶到塞米拉拉群岛附近，就被美国飞机盯上了。

经过美军的两次空袭结束后，"若叶"号驱逐舰便翻沉到海底。"初春"号驱逐舰打捞其幸存的水兵后，护卫着受伤的"初霜"号驱逐舰朝马尼拉方向返航了。势单力薄的志摩清英舰队还没有进入战斗状态，战斗力就大打折扣了。

另外，在莱特湾海战中，志摩清英与栗田健男、西村祥治之间也没有建立无线电通信联系。他们各自听命于远在千里之外的陆上联合舰队司令部的指示。

虽然，志摩清英与西村祥治早年一同在海军军官学校学习，但谈不上有什么友谊，后来几十年的宦海沉浮中，两人各使心计，以至产生了隔阂。

志摩清英晋升将军比西村祥治早半年，作战经验也丰富得多，可在战争期间只让他指挥巡洋舰、驱逐舰等吨位较小的军舰。对此，志摩清英感到很气愤。

当时，志摩清英所在的军舰虽然也截收到了栗田健男和西村祥治之间的电报。但是联合舰队司令部没有给他明确指示，他也懒得主动与栗田健男、西村祥治沟通。志摩清英决定自作主张，依靠截收栗田健男、西村祥治之间的电报来判断战场形势，选择自己的行动。

奥登多夫的战列舰编队

第四章 海上激战

24日晚22点，志摩清英根据截收到的西村祥治发给栗田健男的电报，决定让舰队提高航速，在25日凌晨4点突袭进入苏里高海峡。

志摩清英率领舰队以30节的速度突袭进入苏里高海峡，对刚刚发生的激烈战斗，特别是西村祥治舰队的惨败，一无所知。

正在拼命逃窜的"时雨"号驱逐舰发现了西村祥治舰队。慌乱中，它用日语向高速驶来的舰队询问："你们是哪部分的？"对方立即回答："我们是'那智'号重巡洋舰。"

但是，惶惶然如丧家之犬的"时雨"号驱逐舰竟没有告诉前边战场的真相就与志摩清英舰队擦肩而过了。这样一来，志摩清英正式闯入了西村祥治全军覆没的战场。

志摩清英透过微弱的晨曦，看到冲天而起的浓烟和曳光弹的弧形弹迹，看到了在附近海面上熊熊燃烧的"最上"号重巡洋舰，接着又发现了相距不远的美国舰队。他觉得自己像是走进了坟墓，死亡之神离他越来越近。

于是，为了逃避覆灭的危险，志摩清英一边下令"全队右转90°，马上撤退。"一边盲目地发射鱼雷、施放烟幕，准备溜之大吉。

没想到在慌乱之中，日军"那智"号重巡洋舰一下子将"最上"号重巡洋舰左舷撞开个大洞。气得"最上"号重巡洋舰的日本水兵破口大骂："慌什么，简直是瞎了眼！竟看不出我们这艘燃着大火的军舰！"经此一番折腾，早已是遍体鳞伤的"最上"号重巡洋舰基本失去了机动能力。

此时，志摩清英回想起昨天下午接收到栗田健男舰队的一份电报后便与之中断了联系。他只收到联合司令的回电："仰仗神明的庇护，全军猛烈进行突击。"但是，志摩清英根本不知道栗田健男在哪里。因此，志摩清英终于意识到此时前进的危险性太大了，他决定撤退，另外寻找战机。

到了第二天黎明，志摩清英才逃脱了美国战舰的追击，但灾难并没有结束。日军"曙"号驱逐舰护卫着"最上"号重巡洋舰低速航行，在横渡保和海时又遭到美国飞机的轰炸。

不久，"曙"号驱逐舰眼看"最上"号重巡洋舰就要不行了，"曙"号驱逐舰便在收容了该舰舰员之后，用鱼雷将"最上"号重巡洋舰击沉。

而日军"阿武隈"号轻巡洋舰在南撤途中因遭受鱼雷艇攻击而掉了队。该舰在"潮"号驱逐舰的护卫下勉强以10节航速驶往保和海西边的达皮丹港，后在行驶至内格罗斯岛附近时，美国飞机再次"光临"。最终，日军"阿武隈"号轻巡洋舰被美国飞机击沉。

于是，美军在苏里高海域的最后一项任务就是痛打已经溃败的日军。

美国"哈钦斯"号驱逐舰击沉了浮在水面上的"满潮"号驱逐舰。随后，美军战列舰用火炮轰击失去了动力的"朝云"号驱逐舰。"路易斯维尔"号重巡洋舰用炮火击沉断成两截的"扶桑"号

第四章 海上激战

美国战列舰上的406毫米主炮

战列舰。

然而，奥登多夫此时并没有因为美军取得了胜利而高兴起来。因为他刚刚收到了一份令人震惊的情报：在他北方173海里的海面上，栗田健男舰队正在以24节的航速接近圣贝纳迪诺海峡，位于莱特湾最北端的几艘脆弱的护航航空母舰正面临着严重危机。

24日23点30分，栗田健男舰队驶入圣贝纳迪诺海峡。整个舰队的22艘战舰成单纵队阵式，首尾相衔，摸黑通过最窄处不足1.7海里的圣贝纳迪诺海峡水道。从军舰上看去，两岸没有灯影，而军舰上也实行了灯火管制，到处是一片漆黑的世界。水兵们个个屏住呼吸，蹑手蹑脚。

日本舰队越是接近莱特湾，栗田健男司令却感到越来越紧张。他的担心不是没道理的，如果美军在圣贝纳迪诺海峡出口两岸配备潜艇部队，第7舰队和第3舰队所有的巨炮也对准圣贝纳迪诺海峡出口，加上拂晓后将会蜂拥而来的美军飞机，那么无论如何，他也逃不脱全军覆灭的命运。

然而，当栗田健男的舰队于25日零点35分驶出圣贝纳迪诺海峡出口时，竟然没有看到一艘美军舰只的影子，日军官兵对此感到十分惊讶。

于是，一向慎重的栗田健男下令舰队继续向东急驶，大约前进了20海里，才命令舰队转舵向南，奔莱特湾开去。

整个舰队分成前后两个阵列：第一阵列从左至右是"矢矧"号

轻巡洋舰、"熊野"号重巡洋舰、"羽黑"号重巡洋舰、"能代"号轻巡洋舰4个战队，每个战队之间保持5公里的间隔，展开宽达20余公里的进攻正面；第二阵列是主力战列舰，在第一阵列后面约5公里跟进，由"大和"战列舰队和"金刚"战列舰队组成，各舰均保持18海里的航行速度。

25日早晨5点，栗田健男下令全舰队由夜间搜索行进队形改成防空作战队形。6点27分，在乌云低垂的水平线上，太阳露出了火红的脸。20分钟之后，舰桥上的日军瞭望哨发现了远处的4根军舰桅杆，不久又发现同一方向升空的两架飞机，立即大喊："发现美国航空母舰！"

此刻，栗田健男马上作出判断：这是哈尔西率领的美国快速航空母舰部队！他庆幸苍天有眼，赐予他在近距离上攻击美国航空母舰主力的机会，让日本的超级战列舰充分发挥威力，让他有机会展示在林加锚地训练的成果。

栗田健男立即下令："全速突进！先用炮火封闭敌舰上的飞机，使之无法离舰，然后一举消灭敌军机动舰队！"于是，刚刚在广阔的海面上完成队形调整的各战队开足马力，向美军舰队扑去。

而实际上，栗田健男舰队发现的是美国第7舰队下属的护航航空母舰舰队。第7舰队共有18艘护航航空母舰，它们与9艘驱逐舰、14艘护卫舰一起被编成三个护航航空母舰大队。此时，第1大队配置在迪纳加特岛东南海域，第2大队被配置在苏禄安岛东北海域。

栗田健男碰上的则是第3大队。

★美军的优势和劣势

美军护航航空母舰第3大队由斯普拉格指挥，舰队辖有6艘护航航空母舰、3艘驱逐舰及4艘护卫舰。由于护航航空母舰实在不堪一击。因此，在美国水兵中间，护航航空母舰被戏称为"番茄罐头"。

值得指出的是，护航航空母舰并不是为进行海上作战而建造的，它是为掩护海上运输船队以及为登陆部队提供空中掩护和空中火力支援而设计的。

1992—1944年底，在桑格门级护航航空母舰的基础上全新设计，专门制造的肯曼斯蒙特湾级服役了。不像其他半路出家的护航航空母舰，从龙骨开始就是航空母舰。肯曼斯蒙特湾级是第二次世界大战中最成功的护航航空母舰。

护航航空母舰可舰载12至18架战斗机、11至12架俯冲轰炸机，这也是护航航空母舰的唯一攻击力量。

护航航空母舰有很多弱点：首先，它的吨位小，防空火力差，全舰只有一门127毫米口径的火炮；此次，它的外壳薄，不能有效地保护船上的油库和弹药库；最后，它的航速只有18海里，在关键时刻很难靠速度逃生。

所以，很显然，美军的这种护航航空母舰如果与战列舰、巡洋舰交锋，无疑会吃很大的亏。这一次，一直倒霉透顶的栗田健男终于遇到了"大好事"。

4. 苦战圣贝纳迪诺海峡

就在消灭了日本南路舰队的夜战在苏里高海峡激烈进行的同时，向北173海里，栗田健男正率领北路舰队穿越圣贝纳迪诺海峡。

早在前一天21点30分，美军的巡逻队就已发现日本舰队掉头向东驶去。他们当即向哈尔西发出了报告，表示日本战列舰正往这个没有设防的海峡驶去。

这一报告证实了李的怀疑，即第34特混舰队可能真的扑向北边的一个假目标了。这位战斗舰队指挥官李把他的担心通过无线电告诉了旗舰，但他只得到了"知悉"这一简短的回答。

尽管"因为现在由哈尔西指挥"，米彻尔决定早点睡觉，但他还是被叫醒了，由于他们收到了巡逻队的报告，说圣贝纳迪诺海峡两侧岛上的航标灯都亮了。米彻尔证实旗舰确实收到了这一报告后，便上床睡觉了。

而哈尔西不愿只是为了"保护第7舰队"而放过一个夺取伟大胜利的机会。凌晨2点后，一支夜间巡逻队发现了日军的航空母舰，哈尔西说："我们找到它们了！"便下令其舰队全速前进，并命令所有飞机准备在拂晓发动攻击。

美国第 7 舰队始建于 1943 年 3 月 15 日，隶属于美国太平洋舰队，是目前美国常驻海外的最强大的一支舰队。

指挥第 7 舰队的金凯德得知奥登多夫的战列舰已在凌晨 4 点前后消灭了日本南路舰队的消息后，便开始集中精力对付另一支敌军舰队。他没有收到第 34 特混舰队夜间巡逻机队早些时候的报告，也没有人把情况转告给他。不然的话，金凯德是可以得到栗田健男已经改变了航向的警报的。

金凯德自己的巡逻队虽然也没有发现敌军舰队，但他脑子里曾闪过一个念头：也许敌军舰队正驶进菲律宾海。于是凌晨 5 点后不久，他通过无线电询问"新泽西"号战列舰："圣贝纳迪诺海峡是否有第 34 特混舰队守卫？"但由于"新泽西"号战列舰上无线电通讯发生混乱，金凯德等了两个多小时才收到回音。

在一夜之间，栗田健男各舰队的希望陡增。凌晨 4 点，他们驶出圣贝纳迪诺海峡后，便以受伤的"大和"号超级战列舰所能达到的最高速度拼命向前行驶，栗田健男不敢猜想为什么他竟然没有被发现。

10 月 25 日早晨 7 点左右，日本舰队发现了美国巡逻机，紧接着瞭望哨报告说前方的海平线上发现了桅杆。听到这些消息，栗田健男以为那是美军第 3 舰队的一支特混航空母舰分舰队。

栗田健男想，如果他的战列舰和莱特湾的入侵运输舰之间只

第四章 海上激战

战争时期美军后勤补给能力十分强大。图为哈尔西在太平洋舰队旗舰中与官兵共进午餐

存在这支美军特混航空母舰分舰队的话，那么他有机会来一试身手了，而他的高射炮手们会阻止敌机来袭。

于是，他面对这一"天赐的良机"向联合舰队司令部发电报称："我们的目的首先是摧毁飞行甲板，然后消灭敌特混舰队。"

7点15分，即在金凯德终于收到了第3舰队司令对他凌晨5点的询问所做的"否"的简单回答几分钟之后，金凯德最担心的事终于被一连串的紧急讯号所证实。这些讯号是从最北端的一组护卫航空母舰上发来的，它们刚刚向离莱特岛登陆滩不到86海里远的萨马岛沿海出动了自己的反潜巡逻机队。

1944年10月25日黎明，海上风平浪静，微风轻拂。位于萨马岛东部海域的美军第3护航航空母舰大队的官兵们不知道灾难即将来临，不少人跑出舱室观看日出。

斯普拉格站在"方肖湾"号航空母舰舰桥上正喝着第二杯咖啡。他已经忙了一大早。今天的任务很繁重，除了要支援莱特岛上地面部队作战外，斯普拉格还要进行常规的防空和反潜巡逻。

而由于执行任务的侦察机、轰炸机、巡逻战斗机和反潜巡逻机都已经相继离舰，所以斯普拉格可以静下心来享受一下短暂的清闲了。

斯普拉格还没有把手里的咖啡喝完，便收到发现敌人的消息。一名反潜巡逻机的飞行员报告说："32公里外发现日军多艘战列舰、巡洋舰和驱逐舰，正在全速向我方逼近！"

斯普拉格不相信，他心想那个飞行员一定是个新手，可能把哈尔西第3舰队的快速战列舰当成敌舰了。于是斯普拉格对无线电讯号官说："告诉那个飞行员核实他发现的情况。"

可是，在一片雷电的干扰声中，传来飞行员紧张而且肯定的回答："肯定没错，舰船上有塔式桅杆。"

而"塔式桅杆"是战列舰上层建筑的典型标志。几乎就在同时，无线电监听员也听到了日本人叽里咕噜的说话声了，舰上的观测员看到了天空中炸开的朵朵高射炮烟云，雷达屏上光点闪烁，警告出现不明舰只。

眼前的情况使斯普拉格大吃一惊：敌人舰队来攻，千真万确。他的心一下子提到了嗓子眼。因为在如此悬殊的力量对比下，他的航空母舰大队要想单独与敌军舰队抗衡几乎是不可能的，甚至坚持不了一刻钟。

但是，莱特湾里尚有50余艘两栖登陆舰、运输舰和油船，海滩上还堆满着数万吨的军用器材和物资，日本军舰一旦冲入湾内，美军登陆船队必然大祸临头。

美军给飞机准备的是大量深水炸弹和杀伤炸弹，而这两种炸弹是用来对付敌人的水下潜艇和地面暴露目标的，用它们对付"皮坚肉厚"的战列舰，无异于隔靴搔痒。

与准备破釜沉舟的斯普拉格相比，栗田健男的心里也同样忐忑不安。本来小泽治三郎已经成功地把哈尔西的第3舰队引诱北去，哈尔西与它相距259海里，但阴差阳错，栗田健男仍然以为美国第3舰队主力还在莱特湾附近，他将孤军与美国海军主力作战。

让栗田健男高兴的事只有一件，那就是他终于有机会在近距离内与美国主力航空母舰进行一场激战了。在过去的日子里，日本水面舰艇在远距离上饱受美军舰载机的空中攻击，处于挨打的一方，对美军出动的航空母舰舰载机无可奈何。虽然日军拥有强大火炮威力的战列舰、巡洋舰，但有劲使不出来，栗田健男心里早就窝着一肚子火。现在，他要紧紧抓住这次机会。

可是，这个一向信奉"大舰巨炮主义"的海军将领栗田健男却没有认真研究过消灭敌军航空母舰的有效办法。连他发出的那道战斗命令都含糊其辞，只要求舰队"首先封杀敌舰上的飞机，使之无法离舰"，根本没有提到用什么手段"封杀"。因为他自己都不清楚。

6点59分，"大和"号超级战列舰在31公里的距离上用460毫米主炮首先向美国人开了火，其他战舰的主炮马上相应，把一颗颗重磅炮弹向脆弱的护航航空母舰倾泻过去。斯普拉格的舰群被袭来的炮弹所包围，周围海面上升起一个个炮弹炸起的水柱，溅起的浪花被阳光折射出淡红色、绿色、黄色和紫色等。

于是，日军就利用这些水柱来校准美军驱逐舰施放烟幕所掩护的目标。

一名美国水兵当时这样惊叫了起来："他们用彩色炮弹打我

莱特湾内的美军装卸货物

们！"此时，斯普拉格正率领舰队向东南方向急行，同时施放大量烟幕，企图借助烟幕的掩护迅速驶入附近的暴雨区。但很快，"冈比亚湾"号护航航空母舰被炮弹炸成两截，旋即沉入海底。

躲入暴雨区内的美国航空母舰只能暂时躲避危机，当它们不久驶出暴雨区后，又暴露在日本军舰的炮口之下。

此时，日本军舰却没有急着袭击它们，而是按照栗田健男的命令忙着去抢占美国航空母舰舰群的上风阵位，以阻止美国军舰迎风航行，阻止其舰载机起飞，也不让它们利用烟幕来掩护自己。

8点，几艘日本战列舰从美国军舰舰群的后边追来，还有几艘重巡洋舰从其左方逼近，企图切断美国军舰舰群的后路。

大约一个小时之后，又有一支日本巡洋舰、驱逐舰部队加入合围的战列。起初，斯普拉格派出仅有的3艘驱逐舰进行反击，随后又派出了4艘中的3艘护卫舰参加作战。斯普拉格明知不是日军的对手，也要死拼到底。

这几艘美军军舰冒着密集的炮火冲到距日本军舰9000米的距离内。他们的127毫米口径的火炮虽然对敌人没有构成多大威胁，但近距离齐射的鱼雷则发挥了不小的作用。

美军"约翰斯顿"号驱逐舰发射的一枚鱼雷击中了日军"熊野"号重巡洋舰的舰首，迫使它退出了战斗。

"希尔曼"号驱逐舰则绕过护航航空母舰，首先对着"羽黑"号重巡洋舰发射了7枚鱼雷，然后又对准"榛名"号战列舰发射了剩下的3枚鱼雷。这时"希尔曼"号驱逐舰的舰首正对着不远处的"大和"号超级战列舰和"长门"号战列舰，但鱼雷发射管内一条鱼雷也没有了。可是"大和"号超级战列舰并不知道其中内情，"大和"号超级战列舰还以为它要对自己发起攻击。

"大和"号超级战列舰虽然不怕这些小型舰艇的火炮，可对海面上飞蹿的鱼雷却心有余悸。为了规避鱼雷攻击，"大和"号超级战列舰改变航向，向北方驶去，"长门"号战列舰也紧随其后临阵脱逃了。"大和"号超级战列舰的临阵脱逃，在一定程度上延缓了美国护航航空母舰的危机。

在战斗中，美国驱逐舰和护卫舰损伤惨重。"霍埃尔"号驱逐舰先后对日军"金刚"号战列舰和"羽黑"号重巡洋舰发射了多枚鱼雷。随后，自己也被几艘日本战列舰和巡洋舰围住了。"霍埃尔"号中弹40余发，失去了机动能力，弹药舱也随即起火燃烧，最后它的舰身向左倾斜，水兵们只好弃舰跳入海中。

"罗伯茨"号护卫舰被360毫米炮弹击中，舰舷的水下部分被炸开长达数米的裂口，不久就倾覆沉没了。

"约翰斯顿"号驱逐舰被几艘日本军舰包围，它的鱼雷打光了，身上受了重伤，最终也没有逃脱被击沉的命运。

"希尔曼"号驱逐舰的舰首则大部分已经沉入水中，所幸机器仍在运转。而追击它的日本"筑摩"号重巡洋舰因空袭受伤而放慢了追击速度，"希尔曼"号驱逐舰这才奇迹般地逃到了远处。

美国驱逐舰和护卫舰的勇敢出击，延缓了栗田健男对斯普拉格

"熊野"号重巡洋舰

的毁灭性打击。可随着日本军舰占了上风位置，处于下风的美国护航航空母舰无法重施烟幕弹进行掩护了。

暴露在日本军队炮口下的"番茄罐头"成为日军射击的活靶子。8点10分，"冈比亚湾"号护航航空母舰首先接受了"弹雨"洗礼，它的飞行甲板和机库冒起夹着火光的浓烟，船体水下部分破裂，速度下降到11节，于8点30分沉入水中。

美军的其他护航航空母舰除了"圣太洛"号护航航空母舰以外，其他都是弹伤累累。其中"加里宁湾"号航空母舰，受到几艘日本军舰的围攻，中弹13颗，大量海水涌入船舱。侥幸的是日本军舰射击的大都是穿甲弹，只把船体洞穿了一个又一个窟窿，没有在舰舱内爆炸，才使这些薄壳战舰能够顽强的漂浮在水面上。

而此时的斯普拉格已不抱生存的希望，他以异常冷静的心态用望远镜观察着战场的形势。只见其中一艘护航航空母舰被两艘日本重巡洋舰紧紧地追赶着，而且距离越来越近，最后终于到了可以用火炮进行直瞄射击的距离。

在这两艘重巡洋舰之后，还跟着两艘日本战列舰。另外，几艘日本驱逐舰正在向仍在水面上挣扎的"约翰斯顿"号驱逐舰倾泻着炮弹。

在抗击栗田健男舰队的过程中，起到关键作用的是美军航空兵。这里面有第3大队的舰载机，它们在7点半全部升空作战，也有从百里之外赶来的另外两个大队的鱼雷机、轰炸机和携带炸弹的

第四章 海上激战

歼击机。来自塔克洛班机场的陆基飞机也赶来支援。

这些飞机从不同方向交替投入战斗，不断朝着离美军舰队最近的日本军舰俯冲轰炸和疯狂射击。而当弹药消耗殆尽之后，有的飞到塔克洛班机场去加油装弹，回来继续作战；有的继续在空中盘旋、翻飞，把飞机上一切能投下去的东西都用来打击日本人；有的做出俯冲轰炸动作，借以吓唬敌人；有的甚至用尖厉的呼啸分散日军的注意力。

航空兵的这些虚虚实实、死缠烂打的战术，使那些船壳薄薄的护航航空母舰确实少挨了不少炮弹。就这样，在美国航空兵的连续突击下，日本的"鸟海"号重巡洋舰、"筑摩"号重巡洋舰和"铃

"冈比亚湾"号护航航空母舰

谷"号重巡洋舰号军舰遭受重创，濒临沉没。

上午9点25分，栗田健男终于觉察到不能在这里继续与美国人纠缠了，他决定停止战斗。因为一波接一波的飞机空袭对日本军舰的威胁极大，而原定的"突入莱特湾"的目标反而被忘记了。

栗田健男决定集合分散作战的各个舰只并命令它们："以20海里/小时的速度向北与我靠拢。"

"伙计们，敌人跑了！"美军"方肖湾"号航空母舰上的信号员大声喊着。

此刻，听到喊声的斯普拉格简直不敢相信自己的耳朵，他抬起头望去，日本舰队确实在撤退。这时，空中的飞行员也接二连三地报告了这个情况。

惊慌失措的斯普拉格终于缓过了神来。"上帝拯救了我们！"斯普拉格后来这样说。而他当时的心情就像一个被判了死刑的人在临刑前几分钟突然听到"刀下留人"的感觉一样。

上午10点，栗田健男向日本海军联合舰队司令部发出战斗快报：经确认，击沉航空母舰2艘（含正规大型航空母舰1艘）、重巡洋舰1艘、驱逐舰2艘、击破航空母舰1～2艘。我军舰队现处于敌机反复袭击中。残敌利用暴雨和烟幕向东南方向逃遁。

上午10点18分，日军的舰队集合完毕。栗田健男命令以"大和"号超级战列舰为核心，组成里外两层的圆形阵列，朝着莱特湾挺进。

与 3 天前从文莱湾起航时相比，这支曾拥有 32 艘战舰的栗田健男舰队如今只剩下 15 艘战舰了，但它所装备的巨炮对停泊在莱特湾内的美国运输船队，对海滩上堆积如山的军事物资及其登陆部队仍然是极为可怕的威胁。

然而，当死神正一步步向麦克阿瑟和金凯德的部队逼近的时候，形势竟然发生了转机。栗田健男舰队在开始进击莱特湾的一个小时后，因受到美军 50 架飞机的空袭，不得不采取规避运动，航速也下降到 22 节。

莱特湾内的美国运输船队

于是，当 15 艘日本战舰行驶至距离莱特湾还不到 40 海里的地方时，他们突然转向 90°，向北面驶去。这等于帮了麦克阿瑟的大忙。

而当时的舰队官兵及其海军当局和后来的历史学家，对栗田健男做出"停止进击莱特湾，转而北上"的重大决定也说法不一。

但可以肯定的是，栗田健男也不是轻易就下定决心的。因为随着舰队越来越接近莱特湾，栗田健男的心情也越来越沉重。

此刻，栗田健男望着挂在指挥舱内的海图，内心正经历着一场从未有过的激烈斗争。他的脑袋里有时出现一片空白，有时还出现一种莫名其妙的担心和恐惧。

★破釜沉舟的斯普拉格

斯普拉格是一位头脑冷静、性格直爽的军官。他知道目前自己唯一能做到的就是"引火烧身"——把敌舰吸引过来，让敌舰攻击自己，以延缓日本舰队对莱特湾的袭击。斯普拉格心想：自己多坚持一分钟，莱特湾内就多一分钟准备，为援兵的到来多争取一分钟时间，要拼一下了！

斯普拉格也在后来说道："尽管我们的末日会来得更快，但我别无选择。"

于是，斯普拉格为了不让日本人舒舒服服得逞，他决定指挥舰队向东南方暴雨区急进。美军舰队一边逃跑一边施放烟幕，企图借助暴风雨和烟幕的掩护，尽量减少己方舰队的损失，同时引诱日本舰队追上前来。

斯普拉格一面向第7舰队司令金凯德报告了他的险情，并提醒莱特湾登陆部队可能面临的巨大危险，一面紧急呼救远在130海里之外的第1大队和第2大队赶来支援，接着又命令停留在甲板上的飞机全部起飞，去攻击敌舰。

他深深地知道这些支援地面作战的飞机对付不了战列舰，因为任何一位护航航空母舰的指挥官都不会把与敌人战列舰的对阵当作重点，所以更不会让军舰携带专为击穿敌舰厚重装甲的穿甲弹出航的。

第五章
疯狂反扑

★ 栗田健男对美军的情况实在是心中没底。因为在舰队出发前,日本联合舰队司令部就把他负责的舰队的32架侦察机全部调给基地航空部队使用,这使得他的舰队像瞎子一样在危机四伏的大海上乱冲乱撞。

★ 于是,小泽治三郎向丰田副武建议扮演"诱饵"的角色,把敌人的主力舰队诱到北方海域,从而减轻栗田健男舰队进击莱特湾时的压力和损失。这一建议得到了丰田副武的批准。

★ 所谓"神风"特攻,又叫"肉弹攻击"。事实上,这是一种自杀式的攻击作战方法。这种方法就是指飞行员驾驶着携带重磅炸弹的飞机硬往敌舰上冲撞,以这种人机共毁的小损失换取敌人的巨大损失。

1. 失策的栗田健男

栗田健男对美军的情况实在是心中没底。因为在舰队出发前，日本联合舰队司令部就把他负责的舰队的32架侦察机全部调给基地航空部队使用，这使得他的舰队像瞎子一样在危机四伏的大海上乱冲乱撞。

而现在特别让栗田健男心中没底的是，至今都没有小泽治三郎舰队的消息，他不知道小泽治三郎的"诱敌北上"是否成功。

另外，栗田健男对自己舰队的损失也十分痛心。他一出师就不利，遭遇美军潜艇袭击，痛失"爱宕"号重巡洋舰和"摩耶"号重巡洋舰。接着，舰队又不断遭遇美军空袭，"武藏"号超级战列舰沉没了，其他战列舰已经遍体鳞伤。担负舰队反潜、防空的巡洋舰、驱逐舰还在不断减少，现在舰队的作战能力已经大打折扣。

栗田健男不知道缺少空中舰队保护的自己，一旦进入神秘莫测的莱特湾会发生什么样的情况，也不知道美国的机动舰队现在到底在哪里，他既困惑又担心。

这时，栗田健男的参谋长小柳富次推门走了进来，向他报告了最新截获的美军情报。

小柳富次告诉栗田健男，美军正在向莱特湾调集强有力的航空兵力，美国第 3 舰队主力群正以日本舰队为目标由北向南实施机动。最后，小柳富次又加上了一条参谋们的判断：登陆作战已经进行几天，美军登陆部队应已登岸，运输船队大概不在海湾内了。

听到小柳富次的报告和分析后，栗田健男的脑袋才终于清醒了许多。他喃喃自语道："那么我们闯进不便机动的狭窄海域去岂不是把脑袋伸进去让美国人随便敲打吗？"小柳富次在旁边听到了栗田健男的话，意味深长地说道："我们最重要的任务是消灭敌军主力舰队。"

原来在启动"捷 1 号作战计划"时，小柳富次曾经当着栗田健男的面问过负责向舰队传达作战命令的作战参谋神重德："如果美军主力舰队出现，并阻止我们突入莱特湾，那时我们舰队是去攻击敌军运输船队，还是去攻击敌军主力舰队？是不是应该放弃运输船队，而去攻击敌军主力舰队呢？"

而神重德当时曾毫不犹豫地回答："当然，正是这样。"于是，栗田健男若有所思的也开始嘟囔道："当然，正是这样。"

就这样，12 点 36 分，日军联合舰队司令部收到了栗田健男的报告，报告中这样提到："第 1 游击部队已停止突袭进入莱特湾行动，现正沿着萨马岛东岸北上，欲寻敌机动部队决战，尔后再突破圣贝纳迪诺海峡。"

据说，当时旗舰"大和"号超级战列舰的桅杆上升起的战斗信号是："本舰队决定同位于苏禄安岛灯塔 5°，113 海里处的敌军机动部队作战。"得到这个信号的日本各战舰上顿时爆发出"万岁"的欢呼声。

显然栗田健男舰队的大多数官兵也认为，与袭击美军登陆场和陆上部队相比，和美国快速航空母舰决战，才是最佳的选择。

可是，日军联合舰队司令部看到栗田健男的这个报告，却气得说不出话来。他们搞不懂，栗田健男舰队历经劫难，付出重大损失，终于抵达莱特湾的大门口，马上就可以大显身手了，为什么放着到手的便宜不要，而调头北上，让种种努力付之东流。

于是，有人把栗田健男此举视之为"无谋"，也有人斥之为"怕死"。

结果，在接下来的整整一个下午的搜索中，栗田健男非但没有找到他的决战对象，反而3次遭到美国第3舰队舰载机累计150架次的空袭。发动突袭的舰载机来自美军快速航空母舰编队第1大队。

第1大队刚刚在莱特湾东北400海里处的乌利西锚地加油完毕，受哈尔西之命，特地赶来增援金凯德的第7舰队。因为听说莱特湾情况十万火急，所以为了早一分钟赶到莱特湾战场，该大队不待航空母舰驶近交战海域，便命令舰载机携带副油箱和炸弹从较远的地方起飞。

如此一来，每架飞机都没有加挂沉重的鱼雷。也正是由于这个原因，栗田健男舰队虽受到美军飞机的多次袭击，却没有造成太严重的损失。

这次，日军的"金刚"号战列舰被炸开一道几厘米宽的裂缝，油舱进水，推进轴变形。"榛名"号战列舰的一个锅炉被炸毁。"矢矧"号轻巡洋舰的舰身上出现多处弹洞，鱼雷管失火。只有"早霜"号驱逐舰伤势严重，最终沉入大海。

将近黄昏时分，栗田健男鉴于手下的驱逐舰所剩下的油料已经不多了，各舰的官兵也早已疲惫不堪，他便下令舰队"撤出战斗，开始返航"。

21点30分，栗田健男舰队进入圣贝纳迪诺海峡，只有"野分"号驱逐舰为了从即将沉没的"筑摩"号重巡洋舰上接下舰员而落在后面。26日，掉队的"野分"号驱逐舰被日夜兼程南下救援的哈尔西所率的舰队消灭。

"榛名"号战列舰

栗田健男的舰队逃脱了美国军舰的打击，却摆脱不了美国飞机的空袭。栗田健男本人早就想到了这一点。他发电报给驻菲律宾的日本第5航空队，请求大西泷治郎司令在26日上午派出飞机，对可能出现在圣贝纳迪诺海峡北面莱加斯皮半岛附近的美国舰艇编队予以攻击，夺取那里的制空权，但发出去的电报毫无反应。

26日上午8点34分，事情的发展果然不出栗田健男所料，30架美国飞机从云端俯冲而下，扑向一路急驶的栗田健男舰队。首先遭到攻击的是"能代"号轻巡洋舰，它被鱼雷击中而无法航行。很快，"大和"号超级战列舰也中了两颗炸弹，不过好在它的装甲比较厚，航行速度并没有降下来。

但是，执行第二波攻击的30架美国飞机在两个小时后又飞临了栗田健男舰队头顶。日军官兵发现，这次前来的对手更加可怕。这一次，美军派出的是当时最大的B-24"解放者"重型轰炸机，携带的是500公斤的大威力炸弹。

在一片又一片的爆炸声中，"大和"号超级战列舰的锚室首先进水，舰身被炸开一个大洞，接着，它的一号炮塔水线部位也被击中一颗炸弹。战舰的庞大身躯在周围三米多高的水柱冲击下，就像地震中的建筑物似的摇晃起来，涌上甲板的海水冲走了一切没有拴牢的物品，甚至溅到站在舰桥上的栗田健男身上。

这还没有完，最致命的是美国飞机的第三波攻击。这次，美国飞机猛烈的轰炸把勉强飘浮在水面上的"能代"号轻巡洋舰送入海底,"长门"号战列舰也被炮弹打得遍体鳞伤,同时也为"大和"号超级战列舰增加新的弹痕。

有"不沉战舰"之称的"大和"号超级战列舰的舰首涌入海水3000吨,过去高昂的船头差点扎入水中,水兵们不得不在战舰后部紧急注水2000吨,使它保持平衡,才又蹒跚着前进。

28日夜晚21点30分,疲惫不堪、遍体鳞伤的日军舰队拖着长长的油迹悄然返回文莱湾。

他们6天前出征时拥有7艘战列舰、11艘重巡洋舰、2艘轻巡洋舰和15艘驱逐舰的强大阵容,现在只剩下弹痕斑斑的4艘战列舰、2艘重巡洋舰、1艘轻巡洋舰和8艘驱逐舰。"大和"号超级战列舰因为锚机破损,不能抛锚,只好与7000吨的油轮"雄凤丸"号运输船并靠在一起。

那些对战争真相和日本的战争能力并不知情的年轻水兵们站在甲板上,他们穿着还在散发着浓重硝烟气味的军服,七嘴八舌地谈论着刚刚发生过的那场战斗。

其中一个人说道:"过去我们的战列舰多厉害,几乎没怕过谁,可是,美国人却一次又一次地用飞机对付我们,让我们有劲使不出来。这真是让人感到无比的窝囊啊!"而另一个人则做出一副神秘的样子说:"你们不知道吧,国内正在加紧制造新型航空母舰,'云龙'号航空母舰和'天城'号航空母舰已经在装备索具,而'葛城'号航空母舰就快要竣工了。只要这三艘航空母舰投入作战，日本海军还可以东山再起，我们那个时候也可以用飞机打美国的军舰了！"

10月25日凌晨，当栗田健男舰队突破圣贝纳迪诺海峡，西村祥治和志摩清英舰队冲入苏里高海峡的时候，负有保卫美军莱特湾登陆责任的哈尔西率领着第3舰队正杀气腾腾的向北疾驰，他扑向了小泽治三郎指挥的第1机动部队。

小泽治三郎所率领的航空母舰舰队，曾经在偷袭珍珠港的作战中扮演过主要角色，是日本海上作战的主要机动力量。但是经过珊瑚海海战、中途岛海战和马里亚纳海战等几次大规模交锋，日本的航空母舰和舰载机都受到极大损失。

但是，在1944年夏天，小泽治三郎所率领的日本海军第1机动部队仍然是一支不可小视的力量。它包括栗田健男率领的第2舰队，拥有"大和"号超级战列舰和"武藏"号超级战列舰；志摩清英率领的第5舰队，拥有"那智"号重巡洋舰、"足柄"号重巡洋舰等，还有小泽治三郎率领的第3舰队，包括3艘大型航空母舰和5艘改造的航空母舰。

只是随后不久，这支尚有一定实力的机动舰队便因"捷"号作战计划被联合舰队司令丰田副武拆得七零八落的。

其中，栗田健男舰队从机动舰队分了出来，他们单独南下林加锚地进行"百日训练"，准备担任主力，闯进莱特湾。志摩清英舰队被编入东北方面舰队。

第五章 疯狂反扑

更令其难过的是，10月12日至16日哈尔西的第3舰队在台湾岛附近海域与日军爆发了一场海空大战，日军飞行员误报和夸大战果，声称取得了重大胜利。联合舰队司令丰田副武头脑发胀，又把属于小泽治三郎指挥的第3航空战队和第4航空战队拥有的300多架飞机也匆匆调往台湾岛方向，企图一举歼灭"正在溃败中"的美国舰队。

虚假的"辉煌战果"很快露出真相，两支紧急增援的航空战队在接下来的激战中损失巨大，再也没有回到小泽治三郎的麾下。

于是，日军保护航空母舰的水面舰只没有了，发挥航空母舰战斗力的舰载机也没有了。到莱特湾海战爆发前，小泽治三郎所率领的日本海军第1机动部队几乎成了"光杆司令"。整个机动舰队的战斗力和防护力让小泽治三郎感到很忧愁。

现在，小泽治三郎的手里只剩下"瑞鹤"号航空母舰、"瑞凤"号航空母舰、"千代田"号航空母舰和"千岁"号航空母舰4艘正规航空母舰，以及由"伊势"号战列舰和"日向"号战列舰两艘战列舰改造的航空母舰。全部作战飞机只有108架。编制上属于小泽治三郎指挥的还有"天城"号航空母舰和"云龙"号航空母舰两艘航空母舰，其他都是正在建造中的航空母舰，但是远水难解近渴。配备给这两艘战舰的130架飞机也不能参战。除此之外，小泽治三郎就只有几艘轻巡洋舰和驱逐舰可充当门面了。

另外，缺少作战飞机还不是让小泽治三郎感到头疼的唯一问题。在中途岛海战后,那些曾经在珍珠港事件和马来亚海战中有上乘表现的优秀飞行员大都死掉了,取而代之的是没有实战经验的毛头小伙子。

这些年轻的飞行员缺少严格而系统地教育训练,战术和技术自然不过硬。能够在恶劣的天气里,在急驶的航空母舰甲板上自由起降并对敌舰实施鱼雷攻击的人寥寥无几。

小泽治三郎不缺用来打击敌军舰队的大威力高爆鱼雷和250公斤炸弹,缺的是能把它们带上天并丢到美国战舰上的飞机和飞行员。

经过改装的"伊势"号战列舰

小泽治三郎舰队如果按照原"捷1号作战计划"行动,他应当从北方海域径直南下,配合栗田健男舰队突袭进入莱特湾的行动,并实施突击。不过,小泽治三郎觉得让实力大减的航空母舰舰队突袭进入莱特湾是一件太不实际的事情。

于是,小泽治三郎向丰田副武建议扮演"诱饵"的角色,把敌人的主力舰队诱向北方海域,从而减轻栗田健男舰队进击莱特湾时的压力和损失。这一建议得到了丰田副武的批准。

★栗田健男惨败莱特湾

此时,站住舰桥上的栗田健男听到这些议论,嘴角露出一丝苦笑。作为一名长期在海军前线作战的高级将领,他很清楚日本海军的现状。栗田健男深深地知道遭受如此惨重损失的日本舰队,在相当一段时间内是无力重返战场的,而那些仍趴在船台上的新建航空母舰要达到出海作战的要求更是未来的事。

毫无疑问,莱特湾海战之后,日本海军主力将不得不告别海上战场。

在其后很长的一段时间乃至日本投降后的几年间,栗田健男一直对这场令自己声名扫地的海战保持沉默,他对待任何人的提问和指责,总是一声不哼。

当他终于打破沉默,开口谈论莱特湾海战时,则不得不承认自己"是一名在棒球比赛中失败的投手"。栗田健男承认自己多次改变作战目标,让寻歼美国航空母舰舰队的想法占据了大脑的主要地位。至于发布那道在莱特湾大门口掉头返航的命令,他则说那是当时自己认为的"最好的办法"。

后来,一位访问者问他道:"现在你如何看待当时那个所谓的'最好的办法'呢?"

栗田健男不得不这样回答道:"现在仔细地想起来,那是在非常疲劳的情况下做出的判断,就算是一个错误吧!"

2. 哈尔西擅作决定

美军把小泽治三郎舰队与哈尔西舰队的交战称为"恩加诺角海战"。

为了引起美军的注意,小泽治三郎舰队先于栗田健男的第1游击部队行动。他于20日17点大摇大摆地从日本丰厚水道出击,开始南下,并在航行中多次发出假电报。

但是,小泽治三郎并没有把这个无异于自杀的行动计划告诉全体官兵,以致在20日17点30分当旗舰"瑞鹤"号航空母舰的桅杆上高高升起"出击"的信号旗的时候,舰队官兵们还以为要把美国舰队引向菲律宾北方海域并加以痛击。

在驶往菲律宾途中暴露出来的问题,更是让小泽治三郎心灰意

第五章 疯狂反扑

日本"瑞鹤"号航空母舰

冷。他派出去执行空中搜索任务的飞机竟然有3架没有返回。他估计这是由于飞行员的素质太低而让飞机掉进了大海了，这样的素质如果到了打仗的时候，情况肯定是十分糟糕的。

24日晨，小泽治三郎又派出十余架飞机进行115°到220°之间的扇面搜索。上午9点，他接到报告说"发现一支航空母舰特混编队"，可由于美国舰队上空大团的云雨很快就使没经验的飞行员丢掉了目标。小泽治三郎手下的舰载机没能升空作战。

中午12点左右，小泽治三郎根据陆基侦察机报告的目标方位，下令58架舰载机起飞，这是他能拼凑起来的全部攻击力量。

小泽治三郎为了给那些技术生疏的飞行员找一条生路，免得他们在返航降落时被摆动幅度很大的航空母舰甩进大海。他在临行前告诉这些飞行员："如果天气不佳，不用驾机返回航空母舰，可以飞向菲律宾的尼科尔斯机场或其他航空基地，但在着陆后必须与本舰队取得联系。"

小泽治三郎望了望渐渐远去的飞机，又望了望变得空空荡荡的甲板，心中暗暗地向东京皇宫方向祈祷："请天皇保佑我此次诱敌作战一举成功。"

然而，小泽治三郎这一次丢出去的诱饵打水漂了，他想引诱哈尔西的目并没有达到。那些从"瑞凤"号航空母舰、"千代田"号航空母舰和"千岁"号航空母舰上起飞的舰载机虽曾与美国飞机展开过激战，但是曾与日本飞机交手的美国第3快速航空母舰大队并没有察觉到小泽治三郎舰队就在附近。

小泽治三郎的58架舰载机，其中有20余架飞机被击落，有30架陆续飞往菲律宾的克拉克机场，另外有3架飞机始终没发现目标，最后不得不返回航空母舰。这样一来，小泽治三郎舰队失去了它最后的攻击作战手段——舰载机。

下午的时候，小泽治三郎开始使出浑身解数来"勾引"哈尔西上当。他一会儿命令"日向"号航空母舰和"伊势"号航空母舰率领"初月"号驱逐舰等南下；一会又故意让军舰排放浓烟；一会儿还用各种频率进行无线电通信。

直到17点，终于有一架美国飞机"光临"了小泽治三郎舰队的上空，日军用五颜六色的高射炮火对其表示了"热烈欢迎"，最后看着渐渐远去的美国飞机，小泽治三郎这才松了一口气，因为他觉得这回哈尔西应该知道他的存在了。

此后，准备"挨打"的小泽治三郎开始准备自己期盼已久的一场恶战。当天晚上他下令燃料不足的"桐"号驱逐舰和"杉"号驱逐舰驶往台湾岛的高雄港，只留下3艘轻巡洋舰和2艘驱逐舰担任护卫。

25日早晨6点10分，小泽治三郎除了留下用来保护航空母舰的战斗机外，又将仅有的6架轰炸机、4架鱼雷机派往菲律宾的图格加劳机场。他认为用这么一点进攻力量对抗强大的美国特混舰队无异于杯水车薪，还不如给日本多留下几架飞机。

当看到那10架飞机颤颤巍巍地抖动着双翼，在空中发出"再见"的信号时，小泽治三郎还流下了眼泪。于是，从此时开始，轮到日本人与美国人大干一场的时候了。

此时的美国第3舰队主力正在位于小泽治三郎舰队南面约250海里的海面上游弋。该舰队主力包括第2大队所辖的"勇猛"号航空母舰、"卡伯特"号航空母舰和"独立"号航空母舰，"新泽西"号战列舰、"艾奥瓦"号战列舰，3艘巡洋舰，16艘驱逐舰；第3大队所辖的"埃塞克斯"号航空母舰、"列克星敦"号航空母舰和"兰利"号航空母舰，"马萨诸塞"号战列舰、"南科达"号战列舰，3艘巡洋舰，14艘驱逐舰；第4大队所辖"企业"号航空母舰、"富兰克林"号航空母舰、"圣哈辛托"号航空母舰、"贝劳伍德"号航空母舰，"华盛顿"号战列舰、"阿拉巴马"号战列舰，2艘巡洋舰，11艘驱逐舰。

从美国第3舰队主力的实力与小泽治三郎舰队的实力对比中可以看出，这场战斗的胜负几乎没有任何悬念。

午夜过后不久，"独立"号航空母舰派出了装有雷达的夜间巡逻机，他们相继发现了小泽治三郎舰队的前卫部队和本队，但不久又丢失了目标。不过哈尔西和小泽治三郎双方都清楚，他们相距很近了，战斗随时都有可能发生。

哈尔西在25日黎明前，把自己所有的舰艇编成两大部分：担任前卫的是李率领的第34特混舰队，为了加强它的力量，哈尔西还为李增加了几艘战列舰、巡洋舰和驱逐舰，以应付可能出现的双方水面舰艇的交火。在第34特混舰队之后10海里处，是由3个特混大队组成的本队阵列。

哈尔西把舰艇编成两部分的目的是想要在舰载机袭击敌人舰队之后，派水面舰艇去消灭那些掉队的日本军舰。

25日凌晨，美国航空母舰上的战斗机60架、俯冲轰炸机65架和鱼雷机55架，总计180架作战飞机全部起飞，在空中盘旋、搜索小泽治三郎舰队，同时航空母舰编队向北撤退50海里，等待发现敌人的消息。

上午7点30分，侦察机发现了小泽治三郎舰队，美国攻击机

第五章 疯狂反扑

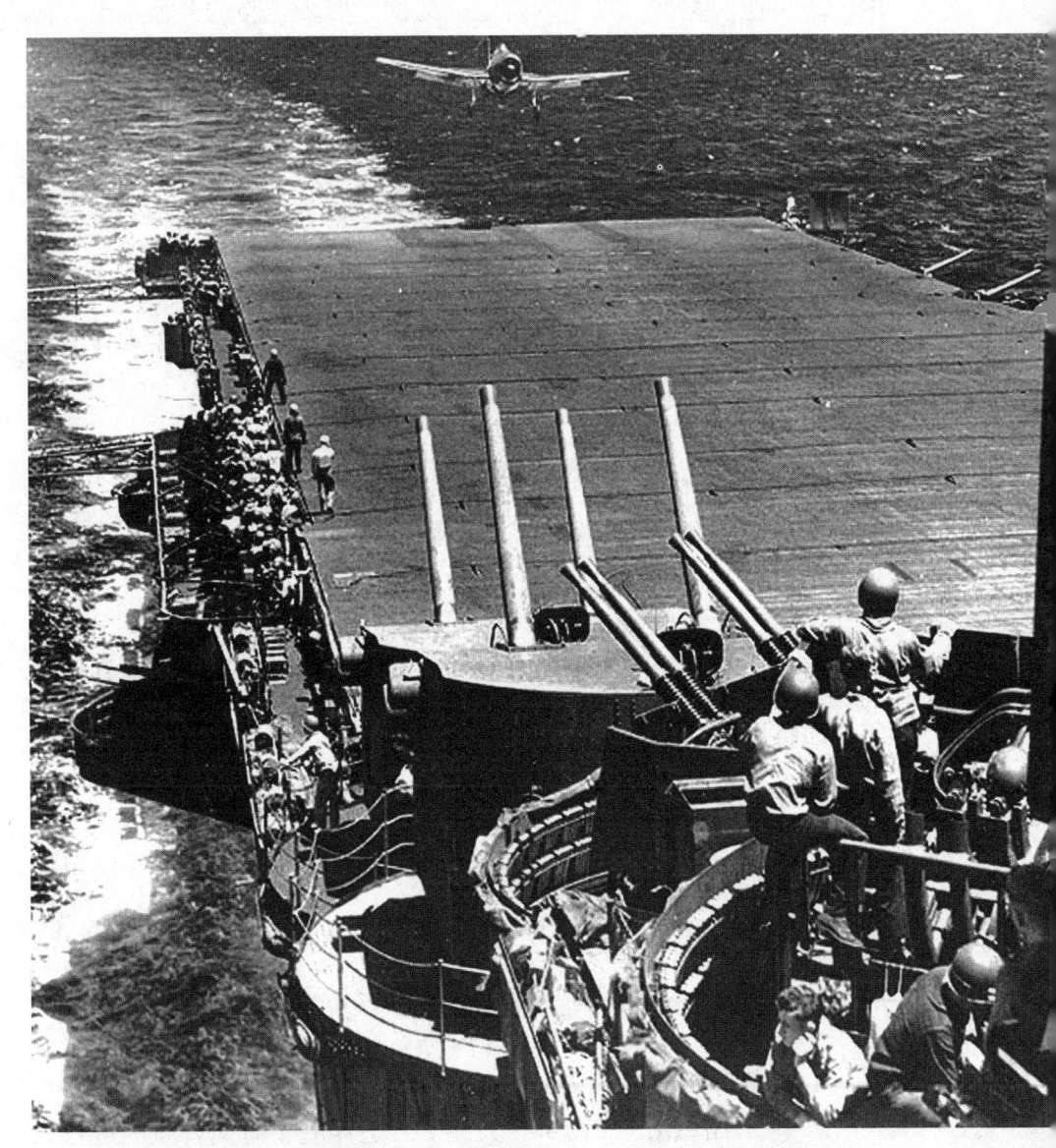

一架"恶妇"式战斗机即将降落在"列克星敦"号航空母舰上

群立即扑了上去。8点15分，两支美国飞机编队出现在小泽治三郎的头顶。他们突破了日军的防空火力网，劈头盖脸的开始朝下方倾泻着炸弹和鱼雷。

小泽治三郎舰队也令其仅有的18架战斗机全部起飞。但缺少空中格斗经验的新飞行员在空战中没能坚持多久，一个多小时后不是被炸毁就是被炸伤，空中便成了美国人的天下。

失去空中掩护的小泽治三郎舰队不得不立即进行规避动作，来躲避雨点般的炸弹和水面上一枚枚飞蹿的鱼雷。

日军最先沉入水中的是"秋月"号驱逐舰。接下来被击穿水线部位的"千岁"号轻型航空母舰也在灌了一肚子海水后，不久沉入大海。

丧失机动能力的"千代田"号轻型航空母舰船身起火并开始倾斜。而特别让小泽治三郎心痛的是他的旗舰，这是日本唯一存在的偷袭珍珠港的"功臣"，即主力"瑞鹤"号航空母舰。

"瑞鹤"号航空母舰被3颗炸弹击中左舷，炸弹穿透3层甲板在锅炉舱爆炸，一条鱼雷击中左舷后部，致使它的机舱多处进水，舰身开始倾斜。随着时间的推移，舰身后部浸到海水中，通信也中断了。

于是，小泽治三郎命令"大淀"号巡洋舰暂时代替旗舰进行无线电通信。15分钟之后，美国16架鱼雷机、6架俯冲轰炸机和14架战斗机发动了第2次空袭。

这一次，日军"千代田"号轻型航空母舰的后部又中了几颗炸弹，舰舷也燃起大火，歪斜着身躯，停在海面上动弹不得。另外，"瑞鹤"号航空母舰经受不住长时间的轰炸，开始下沉。

在参谋们的极力劝说下，小泽治三郎这才离开了旗舰，并把指挥部转移到"大淀"号轻巡洋舰上，继续应付这场不知何时才会结束的灾难。

当天，美国第3舰队对小泽治三郎舰队一共实施了6次攻击，出动飞机572架次。如果不是哈尔西突然改变了主意，小泽治三郎舰队绝对是难以逃脱全军覆没的厄运的。

25日7点30分，当哈尔西指挥舰队对小泽治三郎舰队发动第1次攻击的时候，金凯德的护航航空母舰群已经被栗田健男舰队的大炮轰击了半个多小时。由于哈尔西舰队的通信联系一直不好，因此没有及时收到金凯德的求救电报。

而实际上，就算哈尔西及时收到电报，他也不会立即调头回莱特湾。因为哈尔西一贯认为，自己的首要任务是打击和歼灭日军海上主力舰队，现在正是他大显身手的时候。

哈尔西在指挥第3舰队对小泽治三郎舰队进行第1次攻击时，接到了护航航空母舰大队司令斯拉普格的求援电报，但他没有太在意。他认为栗田健男舰队已经受到重创，没有多少战斗力了，所以就没有把栗田健男的战列舰攻击当成一回事。哈尔西认为金凯德的第7舰队拥有16艘护航航空母舰、400架飞机，在奥登多夫率领战

经典 百年海战大观 血战莱特湾

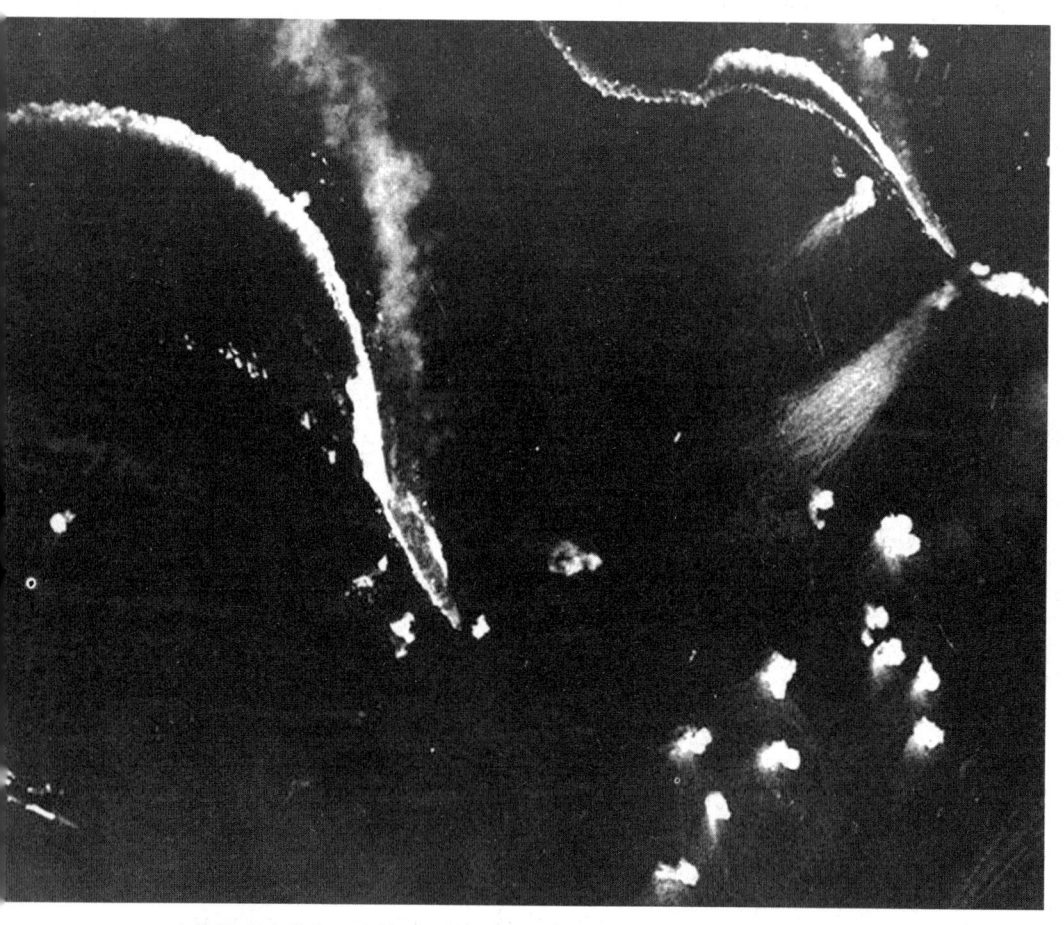

正在作规避动作的"瑞鹤"号航空母舰（左）和"瑞凤"号航空母舰（右）

列舰赶到之前，仅靠其舰载机也足以进行自卫。

但尽管如此，哈尔西还是为援助金凯德采取了措施。他命令在莱特湾东北400海里处补充燃料的麦凯恩第1大队赶去支援斯普拉格，自己则仍继续率领航空母舰编队主力和第34特混舰队攻击小泽治三郎舰队。

在10月25日拂晓，尼米兹几乎同时收到两份电报。一份电报是哈尔西拍来的，这份报告说：他的侦察机发现了敌人的航空母舰，他已经在天亮前成功地率领舰队进入攻击敌军舰队的作战半径之内。

因为日军飞机的作战半径大于美军舰载机的作战半径，如果美军舰队不利用夜幕掩护进入自己飞机的作战半径，天亮后的一段时间内，就只有被日军挨打的份儿。于是，哈尔西认为"天亮前"三个字，意味着他的北上迎敌策略已经成功了。

另一份电报是金凯德拍来的。这份报告说：美日水面舰艇已经在苏里高海峡交火。

而对于哈尔西航空母舰编队的行动和莱特湾南边苏里高海峡的战斗，尼米兹并不感到意外。

尼米兹估计，栗田健男舰队应当在午夜过后通过圣贝纳迪诺海峡，那时，守卫在附近的第34特混舰队将与之交火。可是，直到日出之后，仍然没有得到这方面的消息。

尼米兹大感意外。他认为，如果栗田健男舰队没有遇到美国舰队的拦阻，日军将从萨马岛东面直逼莱特湾。而到了那个时候，唯一可以阻止日本舰队进入莱特湾的就只有可怜的护航航空母舰编队了。

而当初制造这些薄壳的护航航空母舰的时候，可没有人想过要用它们来对付海战中的重量级对手——战列舰。

于是，尼米兹开始对哈尔西是不是真的组建了第34特混舰队表示怀疑。

从往来电报中可以发现，哈尔西正在与日本航空母舰交锋。但按照第34特混舰队的编成，哈尔西乘坐的"新泽西"号战列舰本应当在圣贝纳迪诺海峡附近。尼米兹叫来了助理参谋长奥斯汀，说出了自己的担忧。

奥斯汀建议说：给哈尔西发报，问他是否留下防守圣贝纳迪诺海峡的部队。就在尼米兹拿不定主意的时候，金凯德的求救电报也突然到来。

金凯德请求马上对日本舰队进行空袭，并立即派快速战列舰、航空母舰予以支援，否则护航航空母舰将遭重大打击，敌人将进入莱特湾。

在金凯德的报告中这样说道："栗田健男舰队已经穿过圣贝纳迪诺海峡，向护航航空母舰编队发起攻击，而第7舰队老式战列舰还在苏里高海峡方向，尚且弹药已经所剩无几。"

就这样，奥斯汀再次向尼米兹建议说："将军，可否向哈尔西问

第五章 疯狂反扑

一个简单的问题——第34特混舰队现在何处?"尼米兹同意了。

上午11点15分,怒气冲冲的哈尔西亲自率领第2航空母舰大队和第34特混舰队主力调头南下,直奔莱特湾。

当哈尔西率队日夜兼程赶到圣贝纳迪诺海峡海域时,栗田健男舰队大部队已经退却了,只发现了落在后面的"野分"号驱逐舰,倒霉的"野分"号驱逐舰便成了哈尔西的出气筒。

哈尔西一生都对这封电报耿耿于怀。他后来说:"这太让我目瞪口呆了。直到今天,我一闭上眼睛还能看到它在眼前晃。"

哈尔西在其后打给上司尼米兹的电报中解释说:栗田健男舰队在锡布延海战中已受到重创,对第7舰队构不成严重威胁,而让第3舰队死守着圣贝纳迪诺海峡的做法似乎有点笨拙。所以,他才于24日夜里亲自率领舰队北上,并于25日拂晓攻击了小泽治三郎舰队。

★尼米兹的电报让哈尔西产生误会

负责起草电报的文书从口述电报的奥斯汀语气中感到了事态的严重性,因此在"现在何处"之后加上了"(重复)现在何处"。而另一位负责为电报加密的少尉,像往常一样在电报正文之后加添一些无用的句子时,竟心血来潮地把一句"全世界都为之惊诧"加了进去,然后,电报就成了下面这个样子:

发自:太平洋总部

收报人：第3舰队司令

电文：第34特混舰队现在何处（重复）现在何处RR全世界都为之惊诧

于是，电报发出去了。旗舰"新泽西"号战列舰上的译电员从密码机上把翻译过来的电报纸条撕下来。按规矩，这份电报要立即送给哈尔西看，不过在这之前他需要做一件事——把电报前后加密用的添加语删掉。

但是这位译电员在删除电报时犯了错误。几乎把电报原文送到哈尔西的面前。

哈尔西不是译电员，他当时也不太懂什么添加语。哈尔西很正常的把最后一句话也看成是电报正文。结果在哈尔西看来，尼米兹的这份电报是故意让他出丑，甚至是侮辱他。

当时，哈尔西抓起帽子摔在甲板上，并破口大骂起来。事实上，他的确成立了由水面船艇组成的第34特混舰队。只不过这支舰队没有像尼米兹和金凯德所理解的那样，老老实实守卫着圣贝纳迪诺海峡，而是参加了寻歼日本航空母舰的战斗，眼下正在追击敌人掉队、受伤的船只。

"我绝不相信尼米兹会这样侮辱我。"哈尔西在后来的书中这样写道，"当然，他根本没有这样做，但我那几周并不知道。"

3. "神风"特攻队

哈尔西率队南下后，留下攻击小泽治三郎舰队的只有谢尔曼和戴维森指挥的两个航空母舰大队以及由杜博斯指挥的临时编组的水面船艇编队。

后者包括4艘巡洋舰和10艘驱逐舰，负责为航空母舰提供海上支援。

13点，200余架美国舰载机发动了第3次空袭。这次的空袭时间长达一个多小时。

这一次，日本"瑞凤"号航空母舰遭到重创，两枚鱼雷和4颗炸弹分别击中它的两舷和飞行甲板，15点26分，该舰全部沉入水中。而一直在水面上挣扎的"瑞鹤"号航空母舰又中了3枚鱼雷，锅炉舱、电机舱和舵机舱都遭到破坏，于14点14分彻底地沉入海底。

后来，美军飞机还在14点45分发动了第4次空袭、下午17点发动了第5次空袭、17点10分发动了第6次空袭。

这几次，美军的目标都对准了"伊势"号战列舰，只是袭击不太成功。美国飞机丢下的炸弹大都在其附近爆炸，掀起高高的水柱，只有几颗炸弹击中甲板，始终没有把它送入海底。

在下午的战斗中，负责指挥的米彻尔看到他的航空母舰编队距离敌人太近。为了安全起见，于是下令两个航空母舰特混大队脱离战场，只派杜博斯指挥的巡洋舰和驱逐舰继续追击敌人，扫荡那些受伤掉队的日本军舰。杜博斯击沉了早已被日本人放弃的最后一艘"千代田"号航空母舰，其他日本军舰则乘机逃之夭夭。

天黑以后，杜博斯开足马力又追上了3艘落在后面的日本驱逐舰，它们分别是"五十铃"号驱逐舰、"若月"号驱逐舰和"初月"号驱逐舰。经过炮战和鱼雷攻击，美军将"初月"号驱逐舰击沉，其余两艘日本军舰开足马力逃之夭夭。

在菲律宾东北海域，一直埋伏在那里的美国潜艇也取得不俗的战绩。

25日23点，一艘名叫"哲劳"号的美国潜艇在夜色中发现了正以6节速度向北行驶的日本军舰。在双方相距3000米时，"哲劳"号潜艇用艇首发射管发射了3枚鱼雷，其中一枚直接击中目标。

"哲劳"号潜艇的艇长听到爆炸声后，把潜望镜从水中升起，竟惊奇地发现那艘军舰正朝着潜艇冲来。于是他急忙转向，用潜艇尾部发射管在500多米的近距离上进行了攻击，发射的3枚鱼雷全部钻进日本军舰的肚子。

后来美国人才知道，这艘日本军舰就是当天上午被美国飞机炸伤单独返航的日本"多摩"号轻巡洋舰。瞬间，"多摩"号轻巡洋舰的舰身断为两截，不久便沉入了大海。

至此,这场被西方战争史学家称之为"恩加诺角海战"的战斗落下了帷幕。小泽治三郎舰队失去了全部航空母舰,只剩下遍体鳞伤的2艘战列舰、2艘轻巡洋舰和6艘驱逐舰。

这一次,小泽治三郎白白地损失了手中所有的航空母舰和大部分巡洋舰、驱逐舰,也没能把成功诱使哈尔西航空母舰编队主力离开莱特湾的电文发送出去。致使联合舰队司令部和栗田健男都不知道美国航空母舰编队已经北上,不知道莱特湾内已经十分空虚,仍然以为哈尔西的主力舰队还在莱特湾附近海域。

小泽治三郎在遭受哈尔西航空母舰舰队空袭期间,只向外发出了两个措辞不清的电报。

第一份电报于25日7点13分发出,其内容是:"机动部队本队开始与敌军舰载机接触。"

第二份电报在3个小时以后发出,其内容是:"移乘'大淀'号轻巡洋舰,继续作战。"

本来,还另有两个能清楚地说明诱敌主力舰队北上成功的电报,但它们因故未能发出。一个是8点13分拟就的电文:"敌军舰载机80架来袭,我与敌在交战中。"另一个是8点30分拟就的电文:"战斗速报:'瑞鹤'号航空母舰命中一枚鱼雷,转人力操舵;'瑞凤'号轻型航空母舰被一颗炸弹击中;'千岁'号航空母舰倾斜,速度14节;其他勉强以20节航行。"

这两个通报清晰战况的电报因旗舰"瑞鹤"号航空母舰和作为

中继发信的"瑞凤"号航空母舰相继被击毁而未能发出。

日本海军当局为了让栗田健男率领的战列舰舰队闯入莱特湾，真可谓"机关算尽"，可到头来却在一个似乎很简单的通信问题上出了问题。

几乎就在菲律宾海域被水面舰艇占尽了"风采"的同时，已近穷途的日本军国主义又拿出了其所谓的新的"制胜法宝"——"神风"特攻队。

就在美军的4个师在莱特岛登陆的前一天，大西泷治郎司令来到克拉克机场群的马巴拉卡特机场，副司令玉井浅一中校接待了这位顶头上司。大西泷治郎连夜召集第201航空队的指挥官们开会，他要在这里宣布一项重大决定，并让飞行员们"自愿"参加他迟迟未出台的"特攻"行动。

大西泷治郎一改往日的霸气，用礼贤下士的口气缓缓地说："今天我特意来到这里，是因为有些事情需要和大家商量。"

然后他又说："对于当前的战争形势，我就不多说了。此次决战只许成功，不许失败。一旦失败，后果不堪设想。我们必须保证栗田健男舰队成功地突入莱特湾。我们需要让敌人的航空母舰甲板在一周之内无法使用。我想，要做到这一点，除了驾驶加挂250公斤炸弹的'零'式战斗机去撞击敌舰甲板以外再也没有其他办法。"

准备专门用于"特攻行动"的兵器，其中最厉害的是一种名叫"樱花"的飞弹。它是一种由人操纵的飞行器，外形酷似鱼雷。这种飞弹弹体全长6米，安装有5米长的木质主翼和轻合金板式尾翼，全重为2140公斤，头部装1200公斤的高爆炸药。

1944年7月，日本军令部下达了《特殊兵器紧急整备计划》，开始全面研制、生产各式特攻武器。8月，海军方面成功地试制了"樱花"飞弹，9月投入生产。日本人原准备在菲律宾作战中使用"樱花"飞弹，于11月29日派出刚刚投入使用的世界上最大的超大型"信浓"号航空母舰运载50枚"樱花"飞弹在3艘驱逐舰的保护下驶往菲律宾前线。

不想"信浓"号航空母舰却在东京湾以南100海里处遭到美国"射水鱼"号潜艇6枚鱼雷的攻击，这艘被日本视为"王牌"巨舰的航空母舰带着50枚宝贵的"樱花"飞弹和日本人的"最后狂想"一同沉入海底。

总的来说，因为美国人过早地在菲律宾开战，日军大本营启动"捷1号作战计划"过于仓促。因为"樱花"飞弹在头一个月才投入生产，而且数量太少，即使生产出来，也来不及运往前线，所以大西泷治郎眼下还无法指望使用"樱花"飞弹进行作战。

眼下，大西泷治郎能用于特攻的兵器只有经过特别改装的"零"式战斗机。作战时，在机腹下加挂250公斤的炸弹就可以了，操纵技术也不复杂，新飞行员可以很好地胜任。

大西泷治郎心里很清楚，这种"特攻"形式，是让部下去送死。出征时，飞行员进入座舱后，座舱就被封闭起来，座舱内没有降落伞。飞机起飞后，起落架会自动脱落。这样，飞行员只能开着飞机去撞击目标。如果没有撞击敌舰，或找不到目标而返航，也无法在地面着陆，强行着陆会导致飞机爆炸，飞行员照样难逃一死。

于是，大西泷治郎才一反常态，用让部下"心动"的语言开始了这场困难的"动员"。

大西泷治郎司令的一番话使屋子里的空气立即凝重起来。一时间参加会议的指挥官们谁也没有开口。玉井浅一中校知道大西泷治郎司令的"暗示"。他还知道，10月初第1航空舰队还有230架飞机，而现在的飞机还不到50架。

玉井浅一副司令和飞行队长指宿上尉商量后，对大西泷治郎说："201航空队赞成长官的意见。请把编组攻击队的事交给我们吧。"

"好！"大西泷治郎满意地点了点头。

就这样，在世界战争史上第一个实施"肉弹攻击"——特别攻击队在201航空队问世了。

不久，特攻队队长选定了关行男上尉。在特攻队组织和特攻队队长定下来之后，大西泷治郎说："得给特攻队起个吉利的名字。"他想到了元世祖忽必烈因遭遇强大台风，船毁人亡的事情。便决定给其起名字为"神风"特攻队。

20日晨，由24人组成的日军"神风"特攻队建立起来了。为了减少无谓的损失并保证自杀式攻击成功，大西泷治郎下令把"神风"特攻队分编成"敷岛队""山樱队""大和队"和"朝日队"4

"樱花"飞弹残骸

个小队,每个小队有特攻机3架、掩护飞机2架。

而掩护飞机通常由老资格的飞行员驾驶,其担任领航、空战以及观察战果的任务,特攻机只有一项任务,那就是撞击敌舰。

"神风"特攻队在第201航空队诞生之后,日军陆续在各航空部队展开组建特攻队的活动。继第1航空舰队司令大西泷治郎之后,第2航空舰队司令福留繁也于25日决定组编特攻队。

10月26日,两个特攻队合并,编成第1联合基地航空队,司令部设在与马尼拉湾相望的市内,由福留繁任总指挥官,大西泷治郎任参谋长。大西泷治郎以201航空队为主组织的"神风"特攻队为第1"神风"特攻队,福留繁以701航空队为主组织的"神风"

特攻队为第2"神风"特攻队。

10月27日,为了庆祝组队成功并鼓舞士气,在马尼拉第1联合基地航空队司令部的大院里,他们还大大地热闹了一番,福留繁和大西泷治郎都出席庆祝会并发表了讲话。

但是,先后于22日、23日、24日出击的以行男上尉为队长的"神风"特攻队,连美国人的舰队影子都没见到,日军白白地浪费了几架宝贵的"特攻机"。

★ "神风"特攻队的来源

"神风"的典故源于公元15世纪中叶,元世祖忽必烈先后两次派出强大的舰队攻打日本九州,每次都是在眼看日本就要被征服时,海上突然刮起了强烈的台风,使蒙古人惨败。而素来崇尚神灵的日本国民便把这两次"葬元军,救日本"的暴风称之为"神风"。

所谓"神风"特攻,又叫"肉弹攻击"。事实上,这是一种自杀式的攻击作战方法。这种方法就是指飞行员驾驶着携带重磅炸弹的飞机硬往敌舰上冲撞,以这种人机共毁的小损失换取敌人的巨大损失。

这是日军在太平洋战争后期穷途末路之际使出的"玩命"战术。而这种战场上的极端作战方式早在日军偷袭珍珠港时就出现过了。当时,饭田房太郎就曾驾机撞击美军机场机库,以后一些狂热的军国主义分子有时也效仿他,采取自杀式的攻击行动。

第五章　疯狂反扑

把飞行员的个别极端行为发展成为一种有组织的战术手段，并组织专门的"特攻队"运用这种战术的始作俑者还要首推大西泷治郎、黑岛龟人和城英一郎等军国主义分子。

1943年6月到7月间，日本皇室侍从武官城英一郎曾两次拜访当时任日本海军航空本部总务部部长的大西泷治郎，劝他"认真考虑有组织的航空特别攻击"，"依靠飞机的肉弹攻击摧毁敌舰"。

一个月后，日军联合舰队首席参谋黑岛龟人就任军令部第二部部长后，在大本营海军战备考察部的会议上明确提出了"活用必死必杀战法，确立不败之战备"的主张。但这两个人的主张能否实行，关键还在于握有实权的大西泷治郎。

大西泷治郎是一个傲气十足、出语轻狂的家伙，满脑子都是新奇的想法。当年日本海军采用航空攻击的方式偷袭珍珠港，也跟他有一定的关系。开始时，对于组织"特攻队"和采用同归于尽的"肉弹战术"，他还拿不定主意。因为这种做法毕竟太过于残忍，何况日军当时还处在顺境之时，还有强大的海上攻击力量，根本就没有必要采取这种残忍的方式来换取战场上的胜利。

可是，后来随着战局的不断恶化，日军的海上作战力量连续受到致命打击，一些狂热的军国主义分子纷纷要求把这种个人性质的"肉弹攻击"变为有组织的"特攻"行动。

第341海军航空队司令冈村基春就于1944年6月19日向第2航空舰队司令福留繁正式推荐"实施有组织的肉弹攻击"。1944年

9月13日，日本海军省决定新设海军特攻部，15日开始准备编成"樱花特攻队"。

在这次作战中，第3航空战队司令大林末雄、"千代田"号航空母舰舰长都曾经向日本海军机动舰队小泽治三郎司令献策，要求把年轻的飞行员编成特攻部队投入到作战中去。

大西泷治郎在被任命为仅有陆基飞机而无舰船的海军第1航空舰队司令之后，决定孤注一掷，组织实施"肉弹攻击"的"神风"特攻队。

4. 败局无法挽回

按计划，10月25日是日军对莱特岛发动总攻的日子。为了加大总攻击的打击力度，日军决定把航空兵的总攻时间定在前一天，即10月24日。

于是，仅24日、25日这两天，日本海陆军共出动350架飞机参加对莱特湾内美军舰艇和岸上部队的攻击，其中就有"神风"特攻队的"肉弹攻击"。

而与一般日本航空兵的空袭相比，"神风"特攻队的攻击显然更具威胁性和破坏性。

25日凌晨，一队队头系白布帕的特攻队队员站在克拉克机场跑道上。"敷岛队""山樱队""大和队"和"朝日队"的22架特攻机马上就要分兵两路"出征",一路杀向棉兰老岛海域,一路奔向萨马岛海域。

这些飞行员都是18至25岁的年轻人,此次出征要去执行有去无回的任务。

在吃过竹叶包裹的饭团和出征时才特供的加菜之后,这些年轻人把自己的姓名写在准备送回日本家乡的包袱上,又在指挥官的面前写下绝命书,然后系紧头上的白布帕,准备出发。

飞机起飞后,然后按规定环绕机场飞行3周,机场上所有人都对出征的"勇士"们立正,行注目礼。大西泷治郎后来再也没有看到这些呼啸远去的飞机和这些熟悉的面孔。

由于担任支援的飞机也参加了自杀式攻击,大西泷治郎除了从无线电中得知有一架飞机突袭进入到莱特湾内的消息以外,其他音讯皆无。

25日拂晓,18架日本"零"式战斗机在莱特湾东部海面上对美军护航航空母舰大队进行袭击,有6架让斯普拉格吃了苦头。当时,斯拉普格刚刚摆脱栗田健男舰队的追击,才平静下来一个多小时,凄厉的警报声再次响起。

这几架日本飞机一路从低空进入战场,因此在雷达的荧光屏上没有任何信号显示,等到发现美国军舰时才爬升到3300米的高度,穿过厚厚的云层,以几乎接近垂直的角度俯冲下来。结果,"苏万尼"号护航航空母舰和"桑提"号护航航空母舰被击中，飞行甲板和机库甲板都被炸弹炸穿。

美国航空母舰和驱逐舰上的水兵忙着救人和灭火，他们见到这种不要命的战法时都十分惊讶。混乱中，一艘日本潜艇也悄悄赶来凑热闹，对近在咫尺的"桑提"号航空母舰发射了鱼雷。

中午时分，从克拉克机场起飞的"神风"特攻机再次光顾，一架飞机一边扫射一边冲向"基特坎湾"号航空母舰的舰桥，重重地撞在舰桥左部，使它遭受重创。

另外两架飞机冲向"白平原"号航空母舰。美军由40毫米口径高射炮组成的绵密火网将它们全部笼罩住，其中一架拖着浓烟向右转弯，一头撞上了倒霉的"圣太洛"号航空母舰，炸穿了它的飞行甲板，熊熊燃烧的大火引爆了机库甲板上的炸弹和鱼雷。

连续的大爆炸，令"圣太洛"号航空母舰再也无法继续漂浮在水面上。据日本人说，撞上"圣太洛"号航空母舰的那架特攻机是关行男驾驶的。

斯普拉格被打得很狼狈，他甚至觉得即使有护航舰只警戒，也避免不了挨炸的命运。无奈之中，下令残存的警戒舰只去援救"圣太洛"号航空母舰的落水者，自己率领几艘航空母舰朝马洛斯岛方向撤退。

26日和27日，孤注一掷的大西泷治郎又相继派出了"大和队"的7架飞机，"忠勇队""义烈队""纯忠队"和"诚忠队"的12架

第五章 疯狂反扑

美舰上的防空炮手抬着头，惊恐地看着空中即将俯冲而下的"神风"飞机

飞机。29日，大西泷治郎发动新一轮的"神风"特攻。

5架"神风"特攻机把目标指向位于吕宋岛东方海域的第3舰队第2航空母舰大队，哈尔西本人乘坐的"新泽西"号战舰恰好编在这个大队里。其中一架特攻机突袭进入美国反潜"勇猛"号航空母舰的飞行甲板，引起数十处小火灾。

几天来，连续吃亏的美国人加强了对"神风"特攻机的警戒，巡逻的歼击机击落了21架日本飞机，舰艇上的高射炮也击落了一架飞机，但还是有一架飞机冲向博根的旗舰"勇猛"号航空母舰。

10月30日，"神风"特攻队和"叶樱队"出动6架特攻机攻击了戴维森指挥的第4航空母舰大队。美国人损失惨重，"富兰克林"号航空母舰和"贝劳乌德"号航空母舰被炸伤，45架飞机被炸毁，158人被炸死。

11月1日，金凯德的第7舰队也遭到了攻击。日军特攻机袭击了位于莱特湾内的美国驱逐舰，炸沉了一艘，炸伤了5艘。12日，由"零"式战斗机队组成的第3神风特攻队"初樱队"在吕宋岛东部海域突入美国舰队。

于是，从10月下旬到11月底，美军第3舰队有6艘巡洋舰惨遭"神风"特攻机的毒手，损伤严重。停泊在登陆场附近的第7舰队损失也不小，他们共有战列舰、巡洋舰、登陆运输舰各2艘以及7艘驱逐被撞伤。

最严重的是11月25日夜间，由8架特攻机、6架掩护机组成

"神风"特攻机

的第3神风特攻队"吉野队"攻击了位于吕宋岛附近海面的第3舰队舰艇编队。

一架飞机冲向"埃塞克斯"号航空母舰的飞行甲板，发生了爆炸，造成9人死亡，6人失踪，44人受伤，一架鱼雷攻击机燃起火焰，就连第3特混大队指挥官谢尔曼的住舱也着了火。

"神风"特攻机也撞到"汉科克"号航空母舰、"勇猛"号航空母舰和"卡波特"号航空母舰的甲板上。其中，"勇猛"号航空母舰受伤最严重，燃烧的汽油沿着船舷流溢，舱室内开始爆炸并冒出浓浓的黑烟，最后，"勇猛"号航空母舰不得不返回珍珠港海军基地进行修理。

大致上，日本海军在这次作战期间上演了悲壮的三部曲。

首先，在10月12日至16日的台湾岛海域上空的空战中，日军倾巢出动了海军的精锐航空部队，其中包括陆基飞机和舰载机部队，企图重创乃至消灭哈尔西的第3舰队，结果却令其精锐部队几乎消耗殆尽，只给哈尔西的特混舰队造成轻微损失。

其次，在10月25日的总攻中，日军倾巢出动了海军的水面舰只部队。让栗田健男的战列舰部队担任主攻，让西村祥治和志摩清英舰队担任助攻，让没有舰载机的小泽治三郎航空母舰部队充当诱饵，企图一举歼灭哈尔西的第3舰队和麦克阿瑟的登陆支援部队。结果，日军一个个受损严重，水面作战部队几乎全军覆没，没有了像样的海上作战力量。

第五章 疯狂反扑

"勇猛"号航空母舰爆炸后冒出浓浓的黑烟

最后，日军利用残存航空兵力组成一个又一个特攻队，以"肉弹攻击"的形式，频繁地分散出击，企图给美国舰队制造最大的麻烦，增加美军的损失。结果在近两个月的战斗中，他们根本没能阻止美国海上和陆上的强大攻势。

其间，日军陆军系统的航空部队也参加了特攻行动。在组建特攻队上，日本陆军的做法和海军相比，呈现出明显的不同。

海军由现地航空部队编成特攻队，而陆军原则上先在日本内地或在朝鲜等地编成特攻队，然后再将其配属给第一线的航空军。陆军继组建"万朵队""富狱队"之后，于1944年11月6日至30日相继编成了12个"八队"，并将其配属给菲律宾的第4航空军。

另外，日军第4航空军也在12月以现地部队编成"旭光队""若樱队"和"黄华队"。但陆军的特攻机五花八门，并没有海军"神风"特攻队的那些苛刻的规定和措施，所以其特攻行动的战斗力也大打折扣。

日军大本营陆军部在莱特湾作战开始后最先从日本内地派往菲律宾的是"富狱"特攻队，后来特攻队总数到达20个。陆军系统的特攻队，每队12架飞机。特攻作战仍然是极具威胁的作战形式。

可以说，日本陆海军航空部队组织的特攻队，给美国海军舰队造成了很大的威胁和损失。

据有关资料统计，日本在菲律宾诸岛的作战中，共出动特攻机796架，其中陆军338架，海军458架。但由于各种原因返航271架，未返航 525 架，被击毁击落 251 架。

全部特攻机的有效攻击率为 14.6%，他们击沉美军各种舰船 19 艘，击伤舰船 53 艘。

但是，从作战全局的角度看，日军的这一做法的实际效果和影响力还是非常有限的。这些处于初创阶段的特攻行动不仅规模小，而且缺乏统一的组织与协调，更没有作战上的连续性，对于强大的美国太平洋舰队而言，始终没超出"小打小闹"的范畴。

因此，这并不能改变日军被动挨打、节节败退的局面，更没有阻止美军前进的步伐。

在 1944 年 10 月 23 日至 10 月 26 日之间发生的美日莱特湾大海战，其实是在菲律宾莱特湾周围海域所发生的 4 场相对独立而又相互关联的海、空战，以及其他几次零星海空战的总称。

在这一战中，美军参战兵力多达 16 艘航空母舰，18 艘护航航空母舰，12 艘战列舰，11 艘重巡洋舰，15 艘轻巡洋舰，144 艘驱逐舰，25 艘护卫舰，592 艘运输舰后勤辅助舰，近 2000 架飞机。

美军在战斗中被击沉 1 艘航空母舰，2 艘护航航空母舰，2 艘驱逐舰，1 艘护卫舰；被击伤 4 艘护航航空母舰，2 艘驱逐舰，3 艘护卫舰，1 艘潜艇；损失 162 架飞机，约 3000 人伤亡。

而日军参战的兵力可以说是倾其所有了。日军共有 4 艘航空母舰，2 艘战列舰，14 艘重巡洋舰，7 艘轻巡洋舰，32 艘驱逐舰，约 600 架飞机。

"神风"特攻队起飞前,受到民众"欢送"

日军在战斗中被击沉4艘航空母舰,2艘战列舰,6艘重巡洋舰,4艘轻巡洋舰,10艘驱逐舰;被击伤1艘航空战列舰,4艘战列舰,3艘重巡洋舰,2艘轻巡洋舰,3艘驱逐舰;损失288架飞机,超过1万人伤亡。

在莱特湾大海战中,日军失败的原因除了战略上整个局势极为不利,战术上兵力处于绝对劣势外,具体原因有很多。

日军航空兵力薄弱,在飞机性能、数量及飞行员的训练水平、战术素养上,都与美军差得太远。在失去制空权的情况下,要想顺利实施"捷1号作战计划",几乎不可能。而且,日军的协同也很差,栗田健男、小泽治三郎、西村祥治、志摩清英及岸基航空兵这五支参战部队几乎没有密切有效地协同。甚至西村祥治和志摩清英两支舰队,在同一时间、同一地区为执行同一任务也没有统一指挥和相互联系。尽管日军的通信能力要组织这样复杂的大规模作战是勉为其难,但从西村祥治和志摩清英的事例中就可以看出日本海军缺乏协同配合的精神。

另外,日军的侦察无论在对敌军部署的了解,还是对敌军意图的判断,或是对战果的评估,都十分糟糕。他们就如同"盲人摸象"一般在战斗,能否顺利取胜可想而知。虽然日军的"捷1号作战计划"在美军大兵压境的形势下,算是个果断大胆的计划,但是,在1944年10月的日本其实已经无力支持这样的行动了。

另一方面,美军在此战中也存在着诸多缺点。而指挥不统一则成了其主要问题。战场上的两支舰队分别归麦克阿瑟和尼米兹指挥,一个在菲律宾,一个在珍珠港,而能统一指挥两人的参谋长联席会议又远在万里之遥的华盛顿。这就发生了哈尔西全军离开莱特湾而金凯德对此却毫不知情。

至于双方的将领,在日军方面,丰田副武被哈尔西的佯攻所欺骗,将宝贵的航空兵力浪费在台湾岛空战中,严重影响了日军"捷1号作战计划"的实施,这的确可以算是丰田副武的一个极大失误。

而栗田健男的表现则是比较有争议,在军事上,他在离胜利仅一步之遥时却失之交臂。在指挥上，有多处错误。但他还算得上是比较理智的，栗田健男没有日本"武士道"的那种狂热，如果他杀入莱特湾，固然可以给美军造成惨重损失，但他也会被赶来的哈尔西所消灭。

日军小泽治三郎的表现虽然受到了日军多方好评，他成功地完成了诱敌任务。但他的电报没有顺利发出是一件比较讽刺的事情，这也可以算得上是对日本军国主义分子过分猖狂的一种报应了。然后，当小泽治三郎发现美军杜博斯舰队在后追赶时，还是果断地组织了反击。如果美军没有及时撤退，小泽治三郎很可能遭到更大的损失，他最后把这支准备牺牲的舰队中大部分军舰带回了日本。

日军的西村祥治则过于蛮勇，虽有必死之心，却似乎没有使自己的牺牲更有价值。

美军方面，哈尔西险些铸成大错。当1945年1月，他当面向金汇报时，第一句话就是："我在那次战斗中犯了错。"而金拉住他的手说："不要再说了，你的事情已经过去了。"

很久以后，哈尔西也曾伤感地说："如果菲律宾海战是他指挥，莱特湾海战是斯普鲁恩斯指挥，那情况可能会好些。"

后来的一些历史学家客观认为，哈尔西对加快战争进展做了贡献，战术上的小失误比起战略上的远见卓识要显得轻微许多。

另外，金凯德处置得当，保全了登陆滩头。奥登多夫巧妙地利用地形，尽可能发挥自己的长处，以极小的代价取得了巨大胜利。

斯普拉格可称得上是这次海战中的英雄，他冷静沉着的指挥，打退了栗田健男的进攻，保全了自己和登陆滩头，在海战史上写下了精彩辉煌的一页。

最后可以看到，即使日军"捷1号作战计划"取得了胜利，也无法挽回战争的失败。

美军可以凭借巨大的工业迅速补充在战争中的损失。面对美国在人力和物力上的巨大优势，日本取胜的时机就是在美国的战争机器还未全面开动时就将其击败，而这一时机在中途岛海战时就已经失去了。

斯普鲁恩斯

经典 百年海战大观 血战莱特湾

在美国"密苏里"号战列舰的甲板上，日本高级代表重光葵签署官方投降文件

莱特湾大海战令日本的最后失败不可避免地来了，正如日本海军军令部部长永野修身在得知战果后所说的话："这就是终结。"

日军在莱特湾的失利，使美军掌握了菲律宾地区的制空权和制海权，日本陆上的第14方面军陷入孤立无援的困境。

美军于1945年1月占领了莱特岛，2月占领马尼拉。日本海军的基本力量在此次战役中蒙受了巨大损失，他们在以后的战争中再也无力发动大规模远洋作战了。

莱特湾海战作为历史上规模最大的一场海战，摧毁了日本的海军实力，而它也成为了结束太平洋战争的序幕。日本舰队自此战役以后就一蹶不振了。

★美军对付"神风"特攻机的招式

美军对"神风"特攻机头痛得要命，想出种种招数减轻它们的威胁。

第一，他们加大了对菲律宾各地陆上机场的轰炸力度，把日本飞机炸毁在地面上。

第二，他们派飞机昼夜24小时在敌人机场上空巡逻，力争尽早尽快掌握敌机的活动情况。

第三，他们让担任雷达警戒的驱逐舰比特混大队前出60海里，对来袭日本飞机争取做到早发现早报告，增加舰队的防空准备时间。

第四，他们改变了大型航空母舰舰载机的比例，把俯冲轰炸机减少一半，把战斗机增加一倍，以加强空中拦截力量。

当时，"恶妇"式战斗机和"海盗"式战斗机都已改装成战斗轰炸机，能够携带450公斤的炸弹，俯冲轰炸机的减少并不太影响舰载机群的总体攻击能力。

第五，美军把航空母舰特混大队的数目由4个合并为3个，以便集中使用对空火力和空中掩护力量。

最后，他们还为了防止日本飞机混在返航的美国飞机中接近航空母舰，规定完成作战任务的美国飞机必须先在警戒舰上空盘旋一周，凡是不按警戒舰只指定的方位进入舰队舰船的飞机，一律被视为日本飞机予以截击。